DIRECTION GÉNÉRALE

DES POSTES ET DES TÉLÉGRAPHES.

TARIF TÉLÉGRAPHIQUE.

MARS 1889.

DIRECTION GÉNÉRALE

DES POSTES ET DES TÉLÉGRAPHES.

TARIF TÉLÉGRAPHIQUE.

MARS 1889.

INDEX.

CORRESPONDANCE INTÉRIEURE.

Taxe des télégrammes ordinaires échangés :

1° Entre les bureaux de la France continentale et de la Corse ou entre les bureaux d'Algérie ou de Tunisie et, par assimilation, entre les bureaux français et les bureaux de la Principauté de Monaco, ou entre ces derniers.

> De 1 à 10 mots.......................... 0^f 50^c
>
> Au delà de 10 mots, et sans limite, par mot...... 0 05

2° Entre les bureaux de la France continentale et de la Corse et, par assimilation, les bureaux de la Principauté de Monaco, d'une part, et les bureaux de l'Algérie ou de la Tunisie, d'autre part.

> De 1 à 10 mots........................... 1^f 00^c
>
> Au delà de 10 mots, et sans limite, par mot...... 0 10

Taxe des télégrammes échangés par l'intermédiaire des tubes pneumatiques à l'intérieur de Paris sur des formules spéciales affranchies. (Bull. mensuel. — Janvier 1887, p. 8.)

> Cartes-télégrammes à découvert.............. 0^f 30^c
>
> Cartes-télégrammes fermées.................. 0 50
>
> Cartes-télégrammes à découvert avec réponse payée. 0 60
>
> Cartes-télégrammes fermées avec réponse payée.... 1 00
>
> Enveloppes-télégrammes pour les correspondances
> ne dépassant pas 7 grammes................ 0 60

Taxe maritime des télégrammes sémaphoriques, applicable au trajet entre le sémaphore et le navire en mer :

0 fr. 05 par mot, avec minimum de perception de 0 fr. 50 par télégramme.

TÉLÉGRAMMES SPÉCIAUX ACCEPTÉS DANS LE SERVICE INTÉRIEUR.

DÉNOMINATIONS des TÉLÉGRAMMES SPÉCIAUX.	INDICATIONS ÉVENTUELLES ET LOCUTIONS qui caractérisent ces télégrammes spéciaux.	ARTICLES de L'INSTRUCTION T concernant ces différents télégrammes.	OBSERVATIONS.
Télégraphe restant.............	(Télégraphe restant.)	Art. 26, § c, p. 13.	
Poste restante..................	(Poste restante.)	*Idem.*	
Poste en gare................	(Poste en gare.)	Art. 26, § c, p. 13.	
Mandat......................	Mandat.	Art. 46, p. 39.	
Sémaphorique...............	(Sémaphorique) (*en préambule*).	Art. 47, p. 45.	
Collationné	(T C)	Art. 49, p. 49.	
Accusé de réception...........	(C R)	Art. 50, p. 49.	
Accusé de réception postal........	(C R postal.)	Art. 50, p. 50.	
Recommandé.................	(T R)	Art. 51, p. 50.	
Faire suivre..................	(F S)	Art. 52, p. 51.	
Réponse payée...............	(R P) *ou* (R P — mots.)	Art. 53, p. 51.	
Complément à percevoir........... Nombre de mots.	(Complément à percevoir « — mots ».)	Art. 53, § 4, p. 55.	
Multiple......................	Nombre d'adresses ou de destinataires (*en préambule*).	Art. 54, p. 58.	
Adresse intégrale à porter sur chaque copie à remettre........	Adresse intégrale à porter sur chaque copie à remettre.	Art. 54, p. 58.	
Remis ouvert.................	(R O)	Art. 55, p. 59.	
Exprès......................	(Exprès payé) *ou* (X P) *ou* (X P arrhes télégraphe.)	Art. 56, p. 60. Art. 56, § 4, p. 65.	
Poste.......................	(P P)	Art. 57, p. 65.	
Poste recommandée............	(Poste recommandée.)	Art. 57, p. 66.	
Avec reçu...................	(Avec reçu.)	Art. 58, § b, p. 68.	
Personnel....................	(Personnel avec reçu.)	Art. 48, § c, p. 68.	
Télégrammes devant être mis à la poste par un bureau frontière français pour être envoyé sur le territoire d'un pays étranger (1)	"	Art. 57, § c, p. 66.	

(1) Ces télégrammes acquittent au départ, indépendamment de la taxe télégraphique, la taxe intégrale d'une lettre recommandée, conformément au tarif postal correspondant. (Inst. T, art. 57, § c, p. 66.)

EXEMPLES : Les télégrammes à destination de la Grande-Bretagne mis à la poste à Calais.

Les télégrammes à destination de l'Amérique mis à la poste à Saint-Nazaire. (Ces télégrammes donnent lieu au départ à la perception supplémentaire d'une taxe postale de 0ᶠ 50ᶜ et doivent porter avant l'adresse la mention taxée « Poste recommandée ».

EXEMPLES DE TAXATION DES TÉLÉGRAMMES SPÉCIAUX.
(Service intérieur.)

1.
Télégramme avec réponse payée.　(R P)

(R P) BLANCHET, rue de Provence, 15, Autun.
Pouvez-vous venir ce soir?
DENIS.

Art. 53, p. 51. — T.)

Denis, 15, boulevard National, Marseille.

Taxe....	12 mots.........	$0^f 60^c$
	Réponse payée....	0 50
	TOTAL......	1 10

2.
Télégramme recommandé.　(T R)

(T R) GODELLE, rue Bordeaux, Tours.
N'oubliez pas 1712, 0871, 5283, 4945.
VAZELLE.

(Art. 51, p. 50. — T.)

Taxe....	13 mots.........	$0^f 65^c$
	Collationnement ..	0 35
	Accusé de réception.	0 50
	TOTAL......	1 50

3.
Télégramme collationné.　(T C)

(T C) RENAUD, négociant, rue Neuve, 27, Lyon.
Veuillez envoyer ce soir vingt-cinq mille francs.
NÉROUX.

(Art. 49, p. 49. — T.)

Taxe....	16 mots.........	$0^f 80^c$
	Collationnement...	0 40
	TOTAL......	1 20

4.
Télégramme avec accusé de réception.　(C R)

(C R) ALBERT, Bourse, Lille.
Vendez.
FURST.

(Art. 50. p. 49. — T.)

Taxe....	6 mots.........	$0^f 50^c$
	C R.............	0 50
	TOTAL......	1 00

5.
Télégramme avec accusé de réception postal.　(C R postal.)

(C. R postal) VANDICK, rue Vineuse, 15, Rueil.
Annulez vente.
VICTOR.

(Art. 50, p. 50. — T.)

Taxe....	10 mots.........	$0^f 50^c$
	C R postal.......	0 15
	TOTAL......	0 65

6.

Télégramme télégraphe restant.

(Télégraphe restant.) M. Dubois, à Ners (*Gard*).
Ne comptez pas sur moi.
Villiot.

(Art. 26, § c., p. 13. — T.)   Taxe.... | 13 mots......... 0ᶠ 65ᶜ

7.

Télégramme multiple.

(*Préambule : Chaville de Paris n° 172 m. 23 à 11 h. 25 m. 4 adresses.*)

(R P) Durand, rue de Paris.........
(X P) Gigot, épicier, Velizy.......... } Chaville.
(P P) Germain, ferme des Bugères.....
(C R) Lévy, rue des Ormeaux........
Arriverai demain 4 mai.
Brisson.

Taxe....

23 mots et frais fixes 1 kil.........	1ᶠ 65ᶜ
R P.............	0 50
X P Velizy, 4 kil...	2 00
P P	»
C R	0 50
4 copies moins une = 3.........	1 50
Total.....	6 15

(Art. 156, p. 189. — T.)

8.

Télégramme multiple.

(*Préambule : Paris de Bordeaux n° 152 m. 21 à 10 h. 40 m. 3 adresses.*)

(T C) (R P) Fourest, 105, rue Richelieu.......
(C R) Fourest, 45, avenue Champs-Élysées. } Paris.
Fourest, 142, avenue Clichy.......
Vendu actions prix fixé.
Gabiat.

Taxe..

21 mots...........	1ᶠ 05ᶜ
R. P. (1 bon de réponse).	0 50
C R (un)...........	0 50
T C...............	0 55
3 adresses moins une = 2	1
Total.......	3 60

Art. 54, 7ᵉ alinéa, p. 58. — T.)

9.

Télégramme multiple.

(Préambule : Paris d'Orléans, n° 216 m. 19 à 8 h. 25 m. 3 adresses.)

(T C) (R P) (C R) FOUREST, 105, rue Richelieu............⎫
              45, avenue Champs-Élysées. ⎬ Paris.
              142, avenue Clichy........⎭
        Vendu au prix fixé.
             GABIAT.

Taxe....	19 mots............	0^f 95^c
	T C...............	0 50
	R P (3 bons de réponse).........	1 50
	C R (3)............	1 50
	3 adresses moins une $= 2$............	1 00
	TOTAL......	5 45

(Art. 54, 7° alinéa, p. 58. — T.)

10.

Télégramme «Multiple».

(Préambule : 4 adresses.)

DUPRÉ, 25, rue de Grenelle ou 49, rue Richelieu.... ⎫
MERCADIÉ, hôtel de l'Empire.................. ⎬ Paris.
LÉON, rue Soufflot, 15...................... ⎭
       Trouvez-vous ce soir, café Helder, à huit heures.
             RENAUD.

Taxe..	28 mots............	1^f 40^c
	4 adresses moins une/3.	1 50
	TOTAL.........	2 90

(Art. 54, p. 57. — T.)

11.

Télégramme «Multiple».

(Préambule : plusieurs adresses avec arrhes.)

GAILLARD, voyageur, voir les principaux hôtels, à Castres
Revenez immédiatement.
            AFFREMONT.

Taxe..	11 mots...........	0^f 55^c
	Arrhes pour 10 copies..	5 00
	TOTAL......	5 55

(Art. 54, p. 59. — T.)

12.

Télégramme «Sémaphorique».

(Préambule : Sémaphorique.)

GONTRAN, capitaine vapeur suédois, Ninive, par Ouistreham.
       N'arrêtez pas à Falmouth.
            ROUMEL.

Taxes...	13 mots.........	0^f 65^c
	maritime........	0 65
	TOTAL......	1 30

(Art. 47, p. 45. — T.

N. B. Rédigés en signaux du Code commercial, les télégrammes sémaphoriques sont considérés comme télégrammes chiffrés et taxés comme tels.

13.

Télégramme avec exprès. (X P).

———

(L'expéditeur entend formellement que l'exprès parte du bureau qu'il désigne.)

(X P Sèvres.) DURAND, cultivateur, Velizy (*Sèvres*).
Venez chercher marchandises en gare.
EDMOND.

(Art. 56, p. 6o. — T.)

	Taxe....	
	12 mots.........	0^f 60^c
	Arrhes.........	5 00
	TOTAL.....	5 60

14.

Télégramme avec exprès. (X P)

———

(X P) M. Victor LEROY, à Paders, par Gabian (*Hérault*).
Pouvez-vous venir mardi?
ROSTANI.

(Art. 56, p. 6o. — T.)

	Taxe....	
	14 mots.........	0^f 70^c
	Exprès, 8 kil.....	4 00
	TOTAL.....	4 70

15.

Télégramme avec exprès arrhes télégraphe.

———

(Exprès. Arrhes télégraphe.) M. Jogur, à Pacod, par Nozeroy (*Jura*).
L'acte vient d'être annulé
THOMAS.

(Art. 56, p. 65. — T.)

	Taxe....	
	17 mots.........	0^f 85^c
	Arrhes déposées...	5 00
	Avis faisant connaî-tre la distance...	0 50
	TOTAL.....	6 35

16.

Poste recommandée.

———

(Poste recommandée.) FARDON, Sondarderie, par Merlerault.
Rien n'est décidé.
ESTIENNE.

(Art. 57, p. 66 (A). — T.)

	Taxe....	
	11 mots.........	0^f 55^c
	Recommandation..	0 25
	TOTAL.....	0 80

17.

Poste en Gare.

———

(Poste en gare.) M. Renault, à Orchamps (*Jura*).
Venez aussitôt que possible.
AVRILAN.

Art. 57, p. 66 (B). — T.)

	Taxe....	
	13 mots.........	0^f 65^c

18.

Télégramme adressé à une gare avec la seule mention «Poste».

———

(Poste.) M. WILLIS, à Our, par Orchamps (*Jura*).
J'arriverai demain soir.
MARTHE.

Art. 57, p. 65 — T.

	Taxe....	
	13 mots.........	0^f 65^c
	Frais fixes 1 kil...	0 50
	TOTAL.....	1 15

19.

Réponse payée à destination d'une gare avec frais fixes de retour payés. (R P)

(Préambule : Médéah de Balbigny, n° 145 m. 16 à 9 h. 10 m.)

(R P) M. VIALAT à Médéah (*Algérie*).
Veuillez me donner la date exacte de la vente Parot.
LALET.

(Art. 53, p. 52...
(Art. 56, p. 60... · Inst. T.)

Taxe....	17 mots.........	1ᶠ 70ᶜ
	Réponse payée....	1 00
	Frais fixes pour le retour........	0 50
	TOTAL.....	3 20

20.

Réponse payée. Poste en gare.

(Paris de Montaigut, n° 125 m. 17 à 7 h. 20 m.)

(R P Poste en gare.) M. VIALAT. à Médéah (*Algérie*).
N'envoyez rien, si encore temps. — Réponse.
LALET

(Art. 26, p. 13...
(Art. 57, p. 66... — Inst. T.)

Taxe....	17 mots........	1ᶠ 70ᶜ
	Réponse payée...	1 00
	TOTAL.....	2 70

21.

Télégramme intérieur adressé à un bureau situé près d'une frontière pour être expédié par poste.

(Poste recommandée.) M. CLARKSON, rue Stewens, à New-York, Saint-Nazaire.
Balles arriveront par prochain paquebot.
GIE.

(Art. 57, § 6, p. 66 — T.)

Taxe....	15 mots.........	0ᶠ 75ᶜ
	Droit postal......	0 25
	Recommandation..	0 25
	TOTAL.....	1 25

22.

Faire suivre (1ᵉʳ exemple). (F S)

(F S) M. DURAND, rue de Provence, 18, Paris.
Revenez ce soir.
MARIUS, Hôtel France, Tours.   Taxe.... | 14 mots......... 0ᶠ 70ᶜ

(Art. 52, p. 51. — T.)

23.

Faire suivre (2ᵉ exemple). (F S)

(Préambule : Orléans de Tours n° 143 m. 19 à 10 h. 20 m. Taxe à percevoir : 0,95 cent.)

(F S) M. DURAND, rue de Provence, 18, Paris. — Faire suivre.
Hôtel France, Orléans.
Revenez ce soir.
MARIUS, hôtel France, Tours   Taxe ... | à percevoir sur destinataire.

(Art. 52, p. 51. — T.)

24.

Poste restante.

(Poste restante.) M. CANADEL, à Guérigny (*Nièvre*).
L'expédition a été faite.
GASTON.   Taxe.... | 13 mots......... 0ᶠ 65ᶜ

(Art. 26, p. 13. — T.)

25.

Personnel, sans récépissé de dépôt.

(Avec reçu.) (Personnel.) M. GUIGNY, rue Astorg, 15, Paris.
Veuillez accuser réception de l'envoi.
FURINI.   Taxe.... | 16 mots......... $0^f 80^c$
(Art. 58, p. 68. — T.)

26.

Personnel avec récépissé de dépôt.

(Avec reçu.) (Personnel.) M. GUIGNY, rue Astorg, 15, Paris.
Veuillez accuser réception de l'envoi.
FURINI.

Taxe... { 16 mots......... $0^f 80^c$ / Récépissé de dépôt. 0 10

TOTAL..... 0 90

(Art. 58, p. 69. — T.)

27.

Remis ouvert. (R O)

(R. O.) M. Charles LAFONT, à Jonquières.
Serez-vous mardi prochain à Lyon ?
ASTIONI.   Taxe.... | 13 mots........ $0^f 65^c$
(Art. 55, p. 59. — T.)

28.

Télégramme adressé à une localité desservie par une gare portant le même nom.

VERDIER, le Luc (*Lozère*).
Venez m'attendre demain, train 8 heures soir.
BOUAULT.

Taxe.... { 12 mots......... $0^f 60^c$ / Frais fixes......... 0 50

TOTAL..... 1 10

(Art. 56, p. 60. — T.)

29.

Télégramme adressé à une localité desservie par une gare portant un nom différent.

(X P) M. DESPLAND, Bagnolles, Tessé-la-Madeleine.
Je t'attends ce soir.
SIMON.

Taxe.... { 11 mots......... $0^f 55^c$ / Frais d'exprès, 1 kil. 0 50

TOTAL..... 1 05

(Art. 56, p. 60. — T.)

30.

**Télégramme adressé à une localité desservie par une gare portant un nom double
formé par la réunion du nom des deux localités qu'elle dessert.**

(X P) KURZENNE, PRINGÉ, LUCHÉ-PRINGÉ.
Envoyez échantillons demandés.
FAYET.

Taxe.... { 8 mots.......... $0^f 50^c$ / Frais fixes, 4 kil... 2 00

TOTAL..... 2 50

(Art. 56, p. 60. — T.)

CORRESPONDANCE INTERNATIONALE.

Les télégrammes internationaux sont soumis, suivant leur destination, à deux régimes différents qui forment, dans le tarif, deux divisions spéciales :

Régime européen;

Régime extra-européen.

Le régime européen comprend les pays suivants :

1° En Europe .... | Tous les États.

2° En Asie. ....
- La Russie d'Asie.
- La Russie du Caucase.
- La Turquie d'Asie.

3° En Afrique. ......
- L'Algérie.
- La Tunisie.
- La Tripolitaine.
- Le Maroc.
- Les Îles Canaries.
- Le Sénégal.
- Bissao.
- Bolama.
- Conakry.
- Grand Bassam.
- Kotonou (Porto-Novo).
- Le Gabon.
- Principe (Île).
- Saint-Paul-de-Loanda.
- Saint-Thomas (Île).

Le régime extra-européen comprend tous les autres pays. (*Instruction T, art. 36, p. 21.*)

Les correspondances échangées entre deux pays du régime extra-européen, ainsi que les correspondances échangées entre un pays du régime européen et un pays du régime extra-européen, suivent, sur tout leur parcours, les règles du régime extra-européen.

EXEMPLES DE TAXATION DES TÉLÉGRAMMES SPÉCIAUX.
(Service international.)

1.

Sémaphorique.

(Préambule : « Sémaphorique ».)

Capitaine trois-mâts français *le Danube*, Capri (*Italie*).
Prenez à Naples un chargement; trouverez instructions.

ULMANN.

Taxe....{ 15 mots......... 3ʳ 00ᶜ
maritime......... 2 00

(Art. 67, p. 45. — Ins. T.)   Total....... 5 00

2.

Urgent. (D)

(D) KINKELMANN, Doorn (*Hollande*).
Continuez régime habituel, évitez acidités.

Taxe....{ 9 mots.......... 1ʳ 80ᶜ
D double taxe en sus........... 3 60

(Art. 48, p. 48. — T.)   Total....... 5 40

3.

Collationné. (T C)

(T C) GUILBERT, Bourse *Berlin*.

125   3207   150   235   42   001   télégraphiez.

LEBAS.

Taxe....{ 12 mots......... 2ʳ 40ᶜ
collationnement... 0 60

(Art 49, p. 49.— T.)   Total....... 3 00

4.

Accusé de réception. (C R)

(C R) MEYER, *Rome*.

Deux cent trente de suite, trois cents semaine prochaine.   0 12256   44 1/2   100 25

Taxe...{ 17 mots.......... 3ʳ 40ᶜ
C. R........... 2 00

(Art. 50, p. 49. — T.)   Total...... 5 40

5.

Faire suivre. (F S)

(1ᵉʳ exemple. — Ordinaire.)

(F S) SCHWEIZER, *Amsterdam.*
Benedict investigate earnings floating debt the news certificates.

Taxe... 12 mots......... 2ᶠ 40ᶜ

(2ᵉ exemple.)

Taxe à percevoir sur le destinataire.

.ourg de Copenhague n° 52670, mots 15, à 5 h. 10 soir. — Taxe à percevoir : 7 fr. 50 cent.

S) ROSAMEL, hôtel Empire Paris, faire suivre hôtel Europe Saint-Pétersbourg.
Reçu lettres, amitiés tous.
NICOLAS.

1. — T.) Taxe... { 15 mots......... 7ᶠ 50ᶜ à percevoir sur le destinataire.

6.

Réponse payée. (R P)

(R P) LEMOINE, Bourse Wien.
1256   1423   1257   6438   5 1/2 0/0   1443
DAVID.

Taxe... { 12 mots......... 3ᶠ 00ᶜ
R. P............. 2 50

(Art. 53, p. 51. — T.)

TOTAL...... 5 50

7.

Multiple.

Viâ Barcelone (3 adresses).

CAUVIN... }
DEMER... } Dakar (*Sénégal*). Continuez même traitement, amélioration.
TEULIÉ... }

Taxe... { 9 mots......... 25ᶠ 20ᶜ
3   destinataires,
moins un..... 1 00

(Art. 54, p. 58. — T.)

TOTAL...... 20 20

8.

Remis ouvert. (R O)

(R O) BERTHON Malte. — Envoyez par le paquebot huit/10,
(Art. 55, p. 59. — T.)

Taxe... 9 mots......... 3ᶠ 60

9.

Par poste traversant la mer.

(Poste Malte.) M. RENAULT, négociant à Pondichéry.
Instructions vont suivre prochain courrier.

EDMOND.

(Art. 57, p. 66. — T.)

(Tarif p. 18.)

Taxe ... { 13 mots......
Frais de poste..

TOTAL......

10.

Exprès.

(Exprès.) KRONING frères, à Oberdor par Bapfingen (*Allemagne*).
Nous quittons Paris ce soir.

GABRIELLE.

(Art. 56, p. 62. — T.)

Taxe ... 14 mots........ 2ᶠ 80ᶜ

11.

Exprès payé. (X P)

(X P) *ou* (Exprès payé.) M. LERSE GRIMM, à Pstruzi par Olmütz.
— Pourrons-nous partir demain soir Lyon?

AUGUSTIN.

Taxe ... { 15 mots......... 3ᶠ 75ᶜ
Arrhes déposées... 5 00
Accusé de réception. 2 50

(Art. 56, p. 61. — T.)

TOTAL........ 11 25

12.

Réponse payée (cas spécial). (R P)

(R. P.) HÉRADIA Léopold Street, Birmingham.
J'attends réponse demandée à Wien hôtel Empire.

SÉGUI.

Taxe ... { 14 mots......... 3ᶠ 50ᶜ
Réponse payée.... 2 50

(Art. 53, p. 53. — T.)

TOTAL...... 6 00

...péditeur adresse son télégramme de Paris et veut que la réponse payée lui soit adressée à Wien, de Birmingham.
— On perçoit, pour la réponse, la taxe d'un télégramme de Paris à Birmingham.

RENSEIGNEMENTS GÉNÉRAUX.

RÉGIME EUROPÉEN.

Le tarif des taxes télégraphiques à percevoir pour les correspondances expédiées de France à destination d'un pays appartenant au régime européen se subdivise en deux tableaux.

Le premier indique sommairement les taxes par les voies normales.

Le second comprend, pour chaque relation, les taxes calculées non seulement par la voie normale, mais encore par toutes les autres voies qui, dans la pratique, sont quelquefois employées. Il peut arriver cependant que, pour des raisons particulières, un expéditeur ait intérêt à choisir une voie détournée dont la taxe ne figure pas au tarif. Dans ce cas, les bureaux doivent accepter le télégramme aux risques de l'expéditeur, faire déposer des arrhes et adresser sans retard à l'Administration une demande de renseignement sur la taxe à percevoir.

Dans ce TABLEAU GÉNÉRAL les voies normales et les taxes correspondantes sont indiquées en **caractères gras.**

Par voie normale, on entend celle qui est à la fois la plus directe et la moins coûteuse.

A défaut d'indication de voie de la part de l'expéditeur, tout télégramme doit être taxé d'après la taxe applicable à la voie normale.

Dans le cas où l'expéditeur désigne une voie autre que la voie normale, la taxe à percevoir est celle qui est indiquée au tarif pour cette voie.

Les indications de voies imprimées en caractères gras ou en caractères ordinaires dans la colonne 1 constituent les FORMULES CONCISES que l'expéditeur doit inscrire sur l'original du télégramme quand il veut désigner la voie à suivre.

Ce sont également ces formules que les bureaux doivent transmettre dans le préambule, immédiatement après l'heure du dépôt, lorsqu'elles sont utiles pour la direction à donner aux dépêches.

Les renseignements complémentaires portés dans la même colonne en *caractères italiques* ne doivent pas être transmis ; ils sont destinés simplement à préciser et à faire connaître aux bureaux l'itinéraire exact correspondant à la voie indiquée.

La colonne 3 contient, pour chaque pays, la taxe pure et simple par mot, par la voie normale et par les voies les plus fréquemment employées, telle qu'elle résulte, soit de conventions particulières, soit des tableaux annexés au règlement international.

On a indiqué, dans une colonne distincte, les télégrammes spéciaux ou secrets qui sont admis dans les relations avec chaque pays, ainsi que les pages et les articles de l'Instruction T qui traitent de ces télégrammes. Des exemples de taxation figurent aux pages 14, 15 et 16.

Enfin on trouvera, sous forme d'observations, les détails complémentaires qui peuvent être utiles pour l'application régulière des tarifs.

TAXES POSTALES

DES TÉLÉGRAMMES DESTINÉS À TRAVERSER LES MERS.

RÉGIME EUROPÉEN.

Taxes à percevoir pour le transport par la poste des télégrammes internationaux destinés à traverser les mers, à partir des pays suivants :

France et Tunisie... Pour toutes les destinations............................ 1ᶠ 00

Allemagne.......... Pour toutes les destinations appartenant à l'union postale... 0 50
Pour les autres destinations........................ 1 00

Autriche-Hongrie... A partir de Trieste (seul bureau autrichien d'où se fassent les réexpéditions dont il s'agit) pour toutes les destinations... 1 00

Belgique.......... Pour toutes les destinations........................ 1 00

Espagne.......... Pour les îles Canaries, les possessions espagnoles d'outre-mer, la côte septentrionale d'Afrique et la côte du Maroc...... 0 15
Pour toutes les autres destinations.................... 1 00

Grande-Bretagne.... Pour toutes les destinations........................ 1 00

Gibraltar.......... Pour les correspondances à destination de Tanger et du Maroc. 0 10

Italie.............. 1° Pour les îles italiennes, sans communication télégraphique, AUCUNE SURTAXE................................. "

2° Pour la colonie d'*Assab*, la *Goulette*, *Souza* et *Tripoli-de-Barbarie*, AUCUNE TAXE POSTALE, les frais du transport par poste sont perçus sur le destinataire.................... "

3° Pour la Corse :
a) En cas d'interruption des lignes télégraphiques, aucune taxe postale; le transport par la poste est effectué gratuitement................................. "
b) En cas de non-interruption des lignes.............. 1 00

4° Pour les autres pays........................ 1 00

Dans les cas 3° *b)* et 4°, les télégrammes sont expédiés comme lettres recommandées............................... "

Malte.............. Pour toutes les destinations........................ 2 00

Portugal.......... Pour toutes les destinations........................ 1 00

Sénégal.......... Pour toutes les destinations........................ 0 25

Turquie.......... Pour toutes les destinations........................ 2 00

West African Telegraph Company (1). (Côte occid^le d'Afrique.) Pour toutes les destinations........................ 1 00

Les télégrammes dont il s'agit, adressés à des pays ou à des bureaux non désignés dans la liste ci-dessus, ne devront être acceptés qu'aux risques des expéditeurs et moyennant perception de la taxe postale la plus élevée (2 francs).

---

(1) Les stations desservies par la compagnie WEST AFRICAN TELEGRAPH (régime européen) sont les suivantes : *Bolama*, *Bissao*, *Conakry*, *Grand-Bassam*, *Kotonou*, *le Gabon*, *île Principe*, *Saint-Thomas* (*San-Tome*) et *Saint-Paul de Loanda*. (Voir page 32, note 1, les stations de la même compagnie appartenant au régime extra-européen.)
Il conviendra toutefois d'aviser les expéditeurs que le service postal n'est pas régulier.

TABLEAU

DES TAXES À PERCEVOIR PAR LES VOIES NORMALES.

RÉGIME EUROPÉEN.

PAYS CORRESPONDANTS.	TAXE par MOT.	PAYS CORRESPONDANTS.	TAXE par MOT.
ALLEMAGNE	$0^f 20^c$	KOTONOU (PORTO-NOVO)	$7^f 80^c$
AUTRICHE-HONGRIE	0 25	LUXEMBOURG { Relations frontières	0 05
BELGIQUE { Correspondance frontière	0 10	LUXEMBOURG { Relations générales	0 125
BELGIQUE { Correspondance générale	0 15	MALTE (Île de)	0 40
BASSAM (GRAND-)	0 30	MAROC	0 40
BISSAO	5 55	MONTÉNÉGRO	0 30
BOLAMA	5 55	NORVÈGE	0 40
BOSNIE-HERZÉGOVINE	0 30	PAYS-BAS	0 20
BULGARIE	0 35	PORTUGAL	0 20
CANARIES	1 70	PRINCES (Île des) ou (Île Principe)	8 90
CONAKRY	5 70	ROUMANIE	0 30
DANEMARK	0 30	RUSSIE D'EUROPE ET DU CAUCASE	0 50
ESPAGNE	0 20	SAINT-PAUL DE LOANDA	10 75
GABON	8 40	SAINT-THOMAS (Île) (côte occidentale d'Afrique)	8 25
GIBRALTAR	0 25	SÉNÉGAL	2 50
GRANDE-BRETAGNE ET ÎLES DE LA MANCHE	0 25	SERBIE	0 30
GRÈCE { Grèce continentale et îles de Poros (Paros) et d'Eubée	0 55	SUÈDE	0 35
GRÈCE { Îles, moins Poros (Paros) et Eubée	0 60	SUISSE { Relations frontières	0 10
		SUISSE { Relations générales	0 15
HÉLIGOLAND (Ile de)	0 30	TRIPOLITAINE	1 20
ITALIE	0 20	TURQUIE D'EUROPE ET D'ASIE, y compris les îles	0 55

TABLEAU GÉNÉRAL

DES TAXES DU RÉGIME EUROPÉEN.

NOMS DES ÉTATS.	VOIES D'APRÈS LESQUELLES LA TAXE EST CALCULÉE.	TAXE par MOT.	TÉLÉGRAMMES SPÉCIAUX.	
1	2	3	4	
Allemagne.	Voie directe	0ᶠ 20ᶜ	Sémaphorique.	Art. 47, p. 45.
	—— Luxembourg	0 25	D.	— 48, — 48.
	—— Belgique	0 25	T. C.	— 49, — 49.
	—— Suisse	0 25	C. R.	— 50, — 49.
	—— Belgique-Pays-Bas	0 30	F. S.	— 52, — 51.
	—— Suisse-Autriche	0 35	R. P.	— 53, — 51.
	—— Calais-Danemark (*câble de Fanø*)	0 35	Multiple.	— 54, — 57.
	—— Angleterre	0 55	R. O.	— 55, — 59.
			P. P.	— 57, — 65.
			Exprès.	— 56, — 60.
			Mandat.	— 46, — 40.
			Langage secret.	— 31, — 17.
Autriche-Hongrie.	Voie Suisse *ou* Allemagne *ou* Italie	0ᶠ 25ᶜ	Sémaphorique.	Art. 47, p. 45.
	—— Belgique *ou* Suisse-Allemagne	0 30	D.	— 48, — 48.
	—— Italie (*câble Trieste-Corfou*)	0 35	T. C.	— 49, — 49.
	—— Malte-Italie (*câble de Marseille-Malte-Modica*)	0 60	C. R.	— 50, — 49.
			F. S.	— 52, — 51.
			R. P.	— 53, — 51.
			Multiple.	— 54, — 57.
			R. O.	— 55, — 59.
			P. P.	— 57, — 65.
			Exprès.	— 56, — 60.
			Mandat.	— 46, — 40.
			Langage secret. (1)	— 31, — 17.
Bassam (Grand-).	Voie directe (*câble Cadix-Canaries*)	0ᶠ 30ᶜ		
	—— Barcelone (*câble Cadix-Canaries*)	0 60	T. C.	Art. 49, p. 49.
	—— Angleterre { Vigo (*câble de Penzance-Cadix-Canaries*)	0 70	C. R.	— 50, — 49.
	{ Bilbao (*câble de Lizard-Cadix-Canaries*)		R. P.	— 53, — 51.
	—— Malte (*câble Marseille-Malte-Cadix-Canaries*)	0 70	Multiple.	— 54, — 57.
	—— Angleterre-Portugal (*câble de Penzance-Cadix-Canaries*)	0 85	Poste.	— 57, — 65.

(1) Dans les relations avec la Dalmatie le langage secret est provisoirement interdit.

NOMS DES ÉTATS.	VOIES D'APRÈS LESQUELLES LA TAXE EST CALCULÉE.		TAXE par MOT.	TÉLÉGRAMMES SPÉCIAUX.	
1	2		3	4	
Belgique	Voie directe...... {	*Correspondances générales*............	0ʳ 15ᶜ	D.	Art. 48, p. 48.
		Correspondances frontières (**1**)........	0 10	T. C.	— 49, — 49.
	—— Luxembourg............		0 20	C. R.	— 50, — 49.
	—— Allemagne............		0 25	F. S.	— 52, — 51.
	—— Angleterre............		0 45	R. P.	— 53, — 51.
			....	Multiple.	— 54, — 57.
			....	R. O.	— 55, — 59.
				Poste.	— 57, — 65.
				Exprès.	— 56, — 60.
				Mandat.	— 46, — 40.
				Langage secret.	— 31, — 17.
Bissao	Voie directe (*câble Cadix-Canaries*)............		5ʳ 55ᶜ		
	—— Barcelone (*câble Cadix-Canaries*)............		5 85	T. C.	Art. 49, p. 49.
	—— Angleterre.... { Vigo (*câble de Penzance*).... } (*Câble Cadix-Canaries*).		5 95	C. R.	— 50, — 49.
	{ Bilbao (*câble de Lizard*)...... }			R. P.	— 53, — 51.
	—— Malte (*câble Marseille-Malte-Cadix-Canaries*)............		5 95	Multiple.	— 54, — 57.
	—— Angleterre-Portugal (*câble de Penzance-Lisbonne-Cadix-Canaries*)........		6 10	Poste.	— 57, — 65.
			....		
Bolama	Voie directe (*câble Cadix-Canaries*)............		5ʳ 55ᶜ		
	—— Barcelone (*câble Cadix-Canaries*)............		5 85	T. C.	Art. 49, p. 49.
	—— Angleterre... { Vigo (*câble de Penzance*)...... } (*Câble Cadix-Canaries*).		5 95	C. R.	— 50, — 49.
	{ Bilbao (*câble de Lizard*)...... }			R. P.	— 53, — 51.
	—— Malte (*câble Marseille-Malte-Cadix-Canaries*)............		5 95	Multiple.	— 54, — 57.
	—— Angleterre-Portugal (*câble de Penzance-Lisbonne-Cadix-Canaries*)........		6 10	Poste.	— 57, — 65.
			....		
Bosnie-Herzégovine.	Voie Suisse et Autriche............		0ʳ 30ᶜ	D.	Art. 48, p. 48.
	—— Italie-Autriche ou Allemagne-Autriche............		0 35	T. C.	— 49, — 49.
	—— Malte-Italie-Autriche (*câble Marseille-Malte-Modica*)............		0 85	C. R.	— 50, — 49.
			....	F. S.	— 52, — 51.
			....	R. P.	— 53, — 51.
				Multiple.	— 54, — 57.
				P. P.	— 57, — 65.
				R. O.	— 55, — 59.
				Langage secret en transit.	— 31, — 17.
Bulgarie	Voie Suisse-Autriche-Roumanie ou Suisse-Autriche-Serbie............		0ʳ 35ᶜ	T. C.	Art. 49, p. 49.
	—— Italie ou Allemagne-Autriche............		0 35	C. R.	— 50, — 49.
	—— Malte-Italie-Autriche (*câble Marseille-Malte-Modica*)............		0 65	F. S.	— 52, — 51.
			....	R. P.	— 53, — 51.
			....	Multiple.	— 54, — 57.
				Langage secret.	— 31, — 17.
				Poste.	— 57, — 65.
				R. O.	— 55, — 59.

(**1**) Taxe des correspondances télégraphiques échangées entre les départements du Nord, de l'Aisne, des Ardennes, de la Meuse et de Meurthe-et-Moselle et les provinces belges de la Flandre occidentale, du Hainaut, de Namur et de Luxembourg.

NOMS DES ÉTATS.	VOIES D'APRÈS LESQUELLES LA TAXE EST CALCULÉE.	TAXE par MOT.	TÉLÉGRAMMES SPÉCIAUX.
1	2	3	4
Canaries (Îles)....	VOIE DIRECTE (*Espagne*)............	**1ᶠ 70ᶜ**	T. C. — Art. 49, p. 49. C. R. — 50, — 49. R. P. — 53, — 51. Poste. — 57, — 65. Multiple. — 54, — 57. Langage secret. — 31, — 17.
	—— Barcelone (*câble Marseille-Barcelone*)............	2 00	
	—— Angleterre... { Vigo (*câble de Penzance*)............ / Bilbao(*câble de Lizard*)............ }	2 15	
	—— Malte (*câble Marseille-Malte-Cadix-Canaries*)............	2 15	
	—— Angleterre-Portugal (*câble de Penzance-Lisbonne*)............	2 15	
	....		
Conakry........ (Konakry).	VOIE DIRECTE (*Cadix-Canaries*)............	**5ᶠ 70ᶜ**	T. C. — Art. 49, p. 49. C. R. — 50, — 49. R. P. — 53, — 51. Multiple. — 54, — 57. Poste. — 57, — 65.
	—— Barcelone (*idem*)............	6 00	
	—— Angleterre... { Vigo (*câble de Penzance*)..... / Bilbao (*câble de Lizard*)..... } (*Cadix-Canaries*).....	6 10	
	—— Malte (*câble Marseille-Malte-Cadix-Canaries*)............	6 10	
	—— Angleterre-Portugal (*câble de Penzance-Lisbonne, Cadix-Canaries*)......	6 25	
	....		
Danemark........	VOIE DE CALAIS (*câble de Fanö*)............	**0ᶠ 30ᶜ**	Sémaphorique. — Art. 47, p. 47. T. C. — 49, — 49. C. R. — 50, — 49. F. S. — 52, — 51. R. P. — 53, — 51. Multiple. — 54, — 57. R. O. — 55, — 59. Exprès. — 56, — 61. Poste. — 57, — 65. D. (*) — 48, — 48. Mandat. — 46, — 40. Langage secret. — 31, — 17. * En transit seulement.
	—— Allemagne............	0 30	
	—— Luxembourg-Allemagne............	0 30	
	—— Suisse *ou* Belgique-Allemagne............	0 30	
	—— Belgique-Pays-Bas-Allemagne............	0 35	
	—— Angleterre (*câble de Sonderniy*)............	0 60	
	....		
	....		
Espagne........	VOIE DIRECTE............	**0ᶠ 20ᶜ**	Sémaphorique. — Art. 47, p. 47. D. — 48, — 48. T. C. — 49, — 49. C. R. — 50, — 49. F. S. — 52, — 51. R. P. — 53, — 51. Multiple. — 54, — 57. R. O. — 55, — 59. Poste. — 57, — 65. Langage secret. — 31, — 17.
	—— Barcelone (*câble de Marseille à Barcelone*)............	0 35	
	—— Angleterre... { Vigo (*câble de Penzance*)............ / Bilbao (*câble de Lizard*)............ }	0 65	
	—— Angleterre-Portugal (*câble de Penzance-Lisbonne*)............	0 65	
	—— Malte (*câble Malte-Gibraltar*)............	0 65	
	....		

NOMS DES ÉTATS.	VOIES D'APRÈS LESQUELLES LA TAXE EST CALCULÉE.	TAXE par MOT.	TÉLÉGRAMMES SPÉCIAUX.	
1	2	3	4	
Gabon.	Voie DIRECTE (*Cadix-Canaries*)	8f 40c	T. C.	Art. 49, p. 49.
	—— Barcelone (*Cadix-Canaries*)	8 70	C. R.	— 50, – 49.
	—— Angleterre... { Vigo (*câble de Penzance*) / Bilbao (*câble de Lizard*) } (*Cadix-Canaries*)	8 80	R. P.	— 53, – 51.
	—— Malte (*câble Marseille-Malte. Cadix-Canaries.*)	8 80	Multiple.	— 54, – 57.
	—— Angleterre-Portugal (*câble de Penzance-Lisbonne. Cadix-Canaries*)	8 95	Poste.	— 57, – 65.
Gibraltar.	Voie DIRECTE	0f 25c		
	—— Espagne-Lisbonne (*câble Lisbonne-Gibraltar*)	0 35	T. C.	Art. 49, p. 49.
	—— Espagne-Vigo (*câble de Vigo. Lisbonne-Gibraltar*)	0 40	C. R.	— 50, – 49.
	—— Barcelone (*câble de Marseille à Barcelone et l'Espagne*)	0 55	F. S.	— 52, – 51.
	—— Malte (*câble Marseille-Malte à Gibraltar*)	0 55	R. P.	— 53, – 51.
	—— Angleterre-Penzance-Lisbonne	0 75	Multiple.	— 54, – 57.
			Langage secret.	— 31, – 17.
Grande-Bretagne et Irlande.	Voie DIRECTE (*câbles de la Manche*)	0f 25c	T. C.	Art. 49, p. 49.
	—— Belgique	0 35	C. R.	— 50, – 49.
	—— Allemagne	0 45	F. S.	— 52, – 51.
	—— Malte (*câble Marseille-Malte-Gibraltar*)	1 10	R. P.	— 53, – 51.
			Multiple.	— 54, – 57.
			Exprès.	— 56, – 61.
			Poste.	— 57, – 65.
			D. (*)	— 48, – 48.
			Langage secret.	— 31, – 17.
			* En transit sans aucun rang de priorité.	
Grèce continentale et Iles de Paros (Paros) et d'Eubée.	Voie ITALIE-VALLONA (*Turquie d'Europe et Volo*)	0f 55c	D.	Art. 48, p. 48.
	—— Malte-Zante (*câble Marseille-Malte-Zante*)	0 55	T. C.	— 49, – 49.
	—— Suisse-Autriche (*câble de Trieste-Corfou*)	0 55	C. R.	— 50, – 49.
	—— Italie-Otrante-Zante	0 55	F. S.	— 52, – 51.
	—— Italie-Autriche (*câble Trieste*)	0 55	R. P.	— 53, – 51.
	—— Autriche-Monténégro	0 55	Multiple.	— 54, – 57.
	—— Italie-Corfou (*câble de Corfou à Zante*)	0 55	R. O.	— 55, – 59.
			Poste.	— 57, – 65.
			Langage secret.	— 31, – 17.

NOMS DES ÉTATS.	VOIES D'APRÈS LESQUELLES LA TAXE EST CALCULÉE.	TAXE par MOT.	TÉLÉGRAMMES SPÉCIAUX.	
1	2	3	4	
Grèce (*Îles de la*)... (*Moins Eubée et Poros* (*Paros*).	Voie Italie-Otrante (*câble direct d'Otrante à Corfou*).....................	**0ᶠ 60ᶜ**	D.	Art. 48, p. 48.
	—— Malte-Zante (*câble Marseille-Malte-Zante*).......................	0 60	T. C.	— 49, — 49.
	—— Suisse-Autriche (*câble Trieste-Corfou*)......................	0 60	C. R.	— 50, — 49.
	—— Italie-Otrante-Zante (*câbles d'Otrante à Zante et de Zante à Corfou*)....	0 60	F. S.	— 52, — 51.
	—— Italie-Autriche (*câble Trieste*).......................	0 60	R. P.	— 53, — 5.
	—— Italie-Vallona-Volo (*câble d'Otrante à Vallona et la Turquie d'Europe*)....	0 60	Multiple.	— 54, — 57.
	—— Autriche-Volo (*par la Suisse et, à partir d'Autriche-Hongrie, par la Serbie*).	0 60	R. O.	— 55, — 59.
			Poste.	— 57, — 65.
			Langage secret.	— 31, — 17.
Héligoland (Île)...	Voie Allemagne..............................	**0ᶠ 30ᶜ**	D.	Art. 48, p. 48
	—— Belgique *ou* Suisse-Allemagne.......................	0 35	T. C.	— 49, — 49.
	—— Angleterre-Allemagne...........................	0 65	C. R.	— 50, — 49.
			F. S.	— 52, — 51.
			R. P.	— 53, — 53.
			Multiple.	— 54, — 57.
			Poste.	— 57, — 65.
			Langage secret.	— 31, — 17.
Italie...........	Voie directe..............................	**0ᶠ 20ᶜ**	Sémaphorique.	Art. 47, p. 47.
	—— Suisse..............................	0 25	D.	— 48, — 48.
	—— Allemagne-Autriche..............................	0 35	T. C.	— 49, — 49.
	—— Allemagne-Suisse..............................	0 35	C. R.	— 50, — 49.
	—— Malte (*câbles Marseille-Malte-Modica*)..............................	0 50	F. S.	— 52, — 51.
			R. P.	— 53, — 51.
			Multiple.	— 54, — 57.
			R. O.	— 55, — 59.
			Exprès.	— 56, — 61.
			Poste.	— 57, — 65.
			Mandat.	— 46, — 40.
			Langage secret.	— 31, — 17.
Kotonou........ (*Porto-Novo.*)	Voie directe (*Cadix-Canaries*)..............................	**7ᶠ 80ᶜ**		
	—— Barcelone (*Cadix-Canaries*)..............................	8 10	T. C.	Art. 49, p. 49.
	—— Angleterre.... { Vigo (*câble de Penzance*)...... / Bilbao (*câble de Lizard*)...... } (*Cadix-Canaries*)........	8 20	C. R.	— 50, — 49.
	—— Malte (*câble Marseille-Malte-Cadix-Canaries*)..............................	8 20	R. P.	— 53, — 51.
	—— Angleterre-Portugal (*câble de Penzance-Lisbonne-Cadix-Canaries*)........	8 35	Multiple.	— 54, — 57.
			Poste.	— 57, — 65.

NOMS DES ÉTATS. 1	VOIES D'APRÈS LESQUELLES LA TAXE EST CALCULÉE. 2	TAXE par MOT. 3	TÉLÉGRAMMES SPÉCIAUX. 4	
Luxembourg....	VOIE DIRECTE.... { *Correspondance générale*..........................	**0ᶠ125**	D.	Art. 48, p. 48.
	{ *Correspondance frontière* (**1**)............	0 05	T. C.	— 49, — 49.
	—— Belgique........................	0 20	C. R.	— 50, — 49.
	—— Allemagne	0 25	F. S.	— 52, — 51.
		....	R. P.	— 53, — 51.
		....	Multiple.	— 54, — 57.
			Exprès.	— 56, — 61.
			Poste.	— 57, — 65.
			Mandais.	— 46, — 40.
			Langage secret.	— 31, — 17.
Malte (Île de)....	VOIE MARSEILLE (*câble de Marseille à Malte*)......................	**0ᶠ40ᶜ**	D.	Art. 48, p. 48.
	—— Italie-Modica...................	0 40	T. C.	— 49, — 49.
		....	C. R.	— 50, — 49.
		....	F. S.	— 52, — 51.
			R. P.	— 53, — 51.
			Multiple.	— 54, — 57.
			R. O.	— 55, — 59.
			Exprès.	— 56, — 61.
			Poste.	— 57, — 65.
			Langage secret.	— 31, — 17.
Manche (Îles de la).	VOIE DIRECTE (*câble de Coutances ou de Darmouth*)...............	**0ᶠ25ᶜ**	T. C.	Art. 49, p. 49.
		....	C. R.	— 50, — 49.
		....	F. S.	— 52, — 51.
			R. P.	— 53, — 51.
			Multiple.	— 54, — 57.
			Poste.	— 57, — 65.
			Langage secret.	— 31, — 17.
Maroc (2). (Tanger seul bureau ouvert.)	VOIE DIRECTE. Espagne (*câble Gibraltar-Tanger*)......................	**0ᶠ40ᶜ**	T. C.	Art. 49, p. 49.
	—— Espagne-Lisbonne (*câble Lisbonne-Gibraltar-Tanger*).................	0 50	C. R.	— 50, — 49.
	—— Espagne-Vigo (*câble Vigo-Lisbonne-Gibraltar-Tanger*).............	0 50	F. S.	— 52, — 51.
	—— Barcelone (*câble Marseille-Barcelone-l'Espagne et Gibraltar*).............	0 70	R. P.	— 53, — 51.
	—— Malte (*câble Marseille-Malte-Gibraltar-Tanger*).................	0 70	Multiple.	— 54, — 57.
	—— Angleterre-Penzance-Lisbonne (*câble Lisbonne-Gibraltar-Tanger*)........	0 90		

(**1**) Taxe des correspondances du département de Meurthe-et-Moselle à destination du Grand-Duché de Luxembourg.

(**2**) Pour le transport des télégrammes à destination des autres villes du Maroc, voir *Bulletin mensuel* de juillet 1887, page 213 et bulletin de janvier 1889, page 99.

4

NOMS DES ÉTATS.	VOIES D'APRÈS LESQUELLES LA TAXE EST CALCULÉE.	TAXE par MOT.	TÉLÉGRAMMES SPÉCIAUX.	
1	2	3	4	
Monténégro	Voie Autriche (*par la Suisse, ou l'Allemagne, ou l'Italie*)	0f 30c	T. C.	Art. 49, p. 49.
	—— Autriche-Bosnie	0 35	C. R.	— 50, — 49.
	—— Italie-Vallona	0 35	F. S.	— 52, — 51.
			R. P.	— 53, — 51.
			Multiple.	— 54, — 57.
			Poste.	— 57, — 65.
Norvège	Voie Calais (*câble de Fanö*)	0f 40c	Sémaphorique.	Art. 47, p. 47.
	—— Allemagne	0 40	D *	— 48, — 48.
	—— Italie-Autriche-Allemagne	0 50	T. C.	— 49, — 49.
	—— Italie-Autriche-Suède (*par l'Allemagne*)	0 50	C. R.	— 50, — 49.
	—— Angleterre (*câble anglo-norvégien d'Ekersund*)	0 60	F. S.	— 52, — 51.
			R. P.	— 53, — 51.
			Multiple.	— 54, — 57.
			R. O.	— 55, — 59.
			Exprès.	— 56, — 61.
			Poste.	— 57, — 65.
			Mandat.	— 46, — 40.
			Langage secret.	— 31, — 17.
			* En transit seulement.	
Pays-Bas	Voie Belgique	0f 20c	D	Art. 48, p. 48.
	—— Allemagne	0 25	T. C.	— 49, — 49.
	—— Suisse—Allemagne	0 30	C. R.	— 50, — 49.
	—— Angleterre (*par les câbles anglo-néerlandais*)	0 50	F. S.	— 42, — 51.
			R. P.	— 53, — 51.
			Multiple.	— 54, — 57.
			R. O.	— 55, — 59.
			Exprès.	— 56, — 61.
			Poste.	— 57, — 65.
			Mandat.	— 46, — 40.
			Langage secret.	— 31, — 17.
Portugal	Voie Espagne	0f 20c	Sémaphorique.	Art. 47, p. 47.
	—— Barcelone (*câble de Marseille à Barcelone*)	0 55	D.	— 48, — 48.
	—— Malte-Lisbonne (*câbles Marseille-Malte-Gibraltar-Lisbonne.*	0 60	T. C.	— 49, — 49.
	—— Angleterre (*câble de Penzance à Lisbonne*)	0 75	C. R.	— 50, — 49.
			F. S.	— 52, — 51.
			R. P.	— 53, — 51.
			Multiple.	— 54, — 57.
			R. O.	— 55, — 59.
			Exprès.	— 56, — 63.
			Poste.	— 57, — 65.
			Langage secret.	— 31, — 17.
			Mandat.	— 46, — 40.

NOMS DES ÉTATS. [1]	VOIES D'APRÈS LESQUELLES LA TAXE EST CALCULÉE. [2]	TAXE par MOT. [3]	TÉLÉGRAMMES SPÉCIAUX. [4]	
Tripolitaine......	Voie Marseille (*câble de Marseille à Malte*)..........................	1f 20c	T. C.	Art. 49, p. 49.
	—— Italie-Modica (*câble de Modica (Sicile) à Malte*)....................	1 20	C. R.	— 50, – 49.
	—— Espagne-Portugal (*câble de Lisbonne*)........................	1 35	R. P.	— 54, – 51.
	....		Poste.	— 57, – 65.
	....		Multiple.	— 54, – 57.
Turquie d'Europe et d'Asie, y compris les îles. (Sauf l'Arabie dont les taxes figurent à la page 51.)	Voie Italie (*câble d'Otrante-Vallona*)............................	0f 55c	D	Art. 48, p. 48.
	—— Malte-Zante (*câble Marseille-Malte*)............................	0 55	T. C.	— 49, – 49.
	—— Italie-Volo (*câble d'Otrante-Vallona, la Grèce, Syra et la Turquie d'Asie*)..	0 55	C. R.	— 50, – 49.
	—— Italie-Corfou-Tchesmé (*par les câbles d'Otrante à Corfou, de Corfou à Zante et par la Grèce, Syra et la Turquie d'Asie*)......................	0 55	R. P.	— 54, – 51.
	—— Italie-Otrante-Rhodes (*par Zante, Candie et la Turquie d'Asie*)...........	0 55	Poste.	— 57, – 65.
	—— Italie-Zante-Tchesmé (*par le câble d'Otrante, Zante, la Grèce, Syra et la Turquie d'Asie*)........................	0 55	F. S.	— 52, – 51.
	—— Autriche-Bosnie (*voie de Gradisca*)...........	0 55	Multiple.	— 54, – 57.
	—— Autriche-Serbie (*voie Pristina-Nissa*)...	0 55	R. O.	— 55, – 59.
	—— Autriche-Monténégro (*voie de Dulcigno*)......................	0 55		
	—— Italie ou Allemagne-Autriche-Serbie...................	0 60		Langage secret interdit, art. 31, p. 18.
	—— Allemagne-Batoum (*par la Russie et la Turquie d'Asie*)...............	0 75		
	—— Malte-Vallona (*par Marseille, le câble de Modica et le câble d'Otrante à Vallona*)....................	0 85		
	—— Allemagne-Odessa (*par la Russie et le câble d'Odessa à Constantinople*).	1 05		
	—— Angleterre-Indo-Européen (*par les câbles anglais, l'Allemagne, la Russie et le câble d'Odessa à Constantinople*)........................	1 20		
	....			
	....			

RENSEIGNEMENTS GÉNÉRAUX.

RÉGIME EXTRA-EUROPÉEN.

Le tarif des taxes télégraphiques à percevoir par mot pour les correspondances expédiées de France à destination d'un pays appartenant au régime extra-européen se subdivise en six tableaux correspondant aux grandes divisions territoriales :

I. **Afrique ;**
II. **Amérique du Nord ;**
III. **Amérique centrale ;**
IV. **Amérique du Sud ;**
V. **Asie ;**
VI. **Océanie.**

Dans chacun de ces tableaux, les différents pays de destination sont portés dans leur ordre alphabétique. Exceptionnellement et pour plus de facilité, l'Afrique a été divisée en deux parties : Afrique orientale et Afrique occidentale.

En vue de faciliter l'application du tarif, il a paru utile de mettre en regard de chaque pays toutes les taxes afférentes aux diverses voies qui peuvent être employées pour l'acheminement des télégrammes destinés à ce pays. La mention de ces voies figure en tête des tableaux ou des colonnes qui indiquent les taxes à percevoir par les différentes voies. Il peut arriver cependant que, pour des raisons particulières, un expéditeur ait intérêt à choisir une voie détournée dont la taxe ne figure pas au tarif. Dans ce cas, les bureaux doivent accepter le télégramme aux risques de l'expéditeur, faire déposer des arrhes et adresser par poste et sans retard à l'administration une demande de renseignement sur la taxe à percevoir.

Comme dans le régime européen, les taxes normales sont indiquées en **caractères gras**, mais ne figurent pas toujours à la première colonne des taxes. Au moment de la taxation d'un télégramme les agents devront donc, à défaut d'indications de la part de l'expéditeur, examiner avec soin quelle est, pour le pays de destination du télégramme, la voie normale, c'est-à-dire celle dont le tarif est le moins élevé, et appliquer la taxe indiquée.

Une colonne distincte donne l'indication des télégrammes spéciaux admis dans les relations avec chaque pays, ainsi que des articles et des pages de l'instruction T qui traitent de ces télégrammes.

Enfin, on trouvera, sous forme d'observations, les règles particulières applicables dans certains cas aux télégrammes empruntant la voie sous-marine et, d'une manière générale, toutes les indications qui peuvent être utiles pour taxer et diriger les dépêches.

RÉGIME EXTRA-EUROPÉEN.

ADMISSION DES TÉLÉGRAMMES RÉDIGÉS EN LANGAGE SECRET.

PAYS OU COMPAGNIES DE CÂBLES acceptant sans restriction le langage convenu, chiffré ou en lettres secrètes.	PAYS OU COMPAGNIES DE CÂBLES n'acceptant que le langage convenu ou chiffré à l'exclusion des lettres secrètes.	PAYS OU COMPAGNIES DE CÂBLES n'admettant sous aucune forme le langage secret.
Compagnies P. Q. Anglo, commercial cable, Direct United States et par suite tous les pays de l'Amérique du Nord, du Sud et de l'Amérique centrale desservis par les voies du Nord et par ces compagnies. Voir *règles, instruction T, article 31*, pages 17 et suivantes.	**Égypte.** **Brazilian-Submarine** (*Lisbonne Saint-Vincent-Pernambouc*) et par suite tous les pays de l'Amérique desservis par les voies du Sud. **Eastern. Eastern - Extension. Eastern and south African. Great Northern. Indo-European.** Par suite tous les pays de l'*Asie*, de l'*Océanie* et de la côte orientale d'Afrique, y compris le *Cap*. Voir *règles, instruction T, article 31*, pages 17 et suivantes.	**Turquie d'Asie.** **Russie d'Asie** (comme Russie d'Europe, voir p. 27 du tarif.) Voir *règles, instruction T, article 31*, pages 17 et suivantes.

TAXES POSTALES

DES TÉLÉGRAMMES DESTINÉS À TRAVERSER LES MERS.

RÉGIME EXTRA-EUROPÉEN.

Taxes à percevoir pour le transport, par la poste, des télégrammes internationaux destinés à traverser les mers à partir des pays suivants :

Aden, pour toutes les destinations 2ᶠ 00ᶜ

Amérique, pour toutes les destinations. 1 25

Australie, pour toutes les destinations 2 00

Birmanie. 1 00

Cap de Bonne-Espérance, pour les correspondances expédiées par la voie de Madère (outre un droit d'agence de 4 shillings (fr. 5) jusqu'à 20 mots, avec augmentation de 1 shilling (1 fr. 25) pour chaque série de 10 mots en sus de 20 . . . . . . 0 60

Égypte . . . . Pour toutes les destinations 2 00

Indes Britanniques 			*Idem.* 		. . . . 1 00

Indes Néerlandaises 			*Idem.* 		. . . . 1 00

Japon 			*Idem.* 		. . . . 1 00

Laurenzo-Marques 			*Idem.* 		. . . . 2 00

Madère (Île) 			*Idem.* 		. . . . 1 00

Malacca 			*Idem.* 		. . . . 2 00

Mozambique 			*Idem.* 		. . . . 2 00

Nouvelle-Zélande 			*Idem.* 		. . taxe postale ordinaire.

Penang 			*Idem.* 		. . . . 2 00

Persique (Golfe) 			*Idem.* 		. . . . 2 00

Siam 			*Idem.* 		. . . . 1 20

Singapore 			*Idem.* 		. . . . 2 00

Saint-Vincent (Île) 			*Idem.* 		. . . . 1 00

Zanzibar 			*Idem.* 		. . . . 2 00

West African Telegraph company (1) (côte occidentale d'Afrique), pour toutes les destinations 1 00

Les télégrammes dont il s'agit, adressés à des pays ou à des bureaux non désignés dans la liste ci-dessus, ne devront être acceptés qu'aux risques des expéditeurs et moyennant perception de la taxe postale la plus élevée (2 fr.).

---

(1) Les stations desservies par la compagnie West African Telegraph (régime extra-européen), sont les suivantes : *Sainte-Marie-de-Bathurst, Sierra Leone* et *Accra.* (Voir page 18 note (1), les stations de la même compagnie appartenant au régime européen.)

Il conviendra toutefois d'aviser les expéditeurs que le service postal n'est pas régulier.

I.

AFRIQUE.[1]

1° AFRIQUE ORIENTALE ET MÉRIDIONALE.

PAYS.	MARSEILLE-MALTE ou ITALIE-ZANTE ou ITALIE-MODICA.	ITALIE-EL-ARICH (par Italie, Turquie, Égypte).	TÉLÉGRAMMES spéciaux.	OBSERVATIONS.
	2	3	4	5
Assab	4ᶠ35ᶜ	5ᶠ30ᶜ		
Cap (1) (Colonie du) y compris Orange-River, West-Griequaland et le Transvaal...............	10 75	11 05	T. C. Art. 49, p. 49.	
Comores (Îles) (2)............................	"	"	C. R. Art. 50, p. 49.	
Égypte. Alexandrie....................	1 70	1 70	R. P. Art. 53, p. 51.	
1ʳᵉ zone. (Basse-Égypte.) Le Caire, Suez (3), Kantara, etc....	1 95	1 70	Multiple. Art. 54, p. 57.	
2ᵉ zone. (Haute-Égypte.) Assiout, Luxor, Bellani, Assouan, etc.	2 20	1 95	Poste. Art. 57, p. 65.	
3ᵉ zone (4). Berber, Kassala, Souakim, Karthoum, etc.)................	2 45	2 20	Mandats. Art. 46, p. 40.	

	ITALIE-OTRANTE ou MALTE-SUEZ (par Marseille).	ITALIE-VALLONA-EL-ARICH, SUEZ.		
Souakim (4)....................	2ᶠ80ᶜ	3ᶠ80ᶜ		

(1) Les correspondances à destination de l'Afrique méridionale peuvent également être acheminées par les voies mixtes de Madère, de Saint-Vincent ou de Dakar. Les taxes à percevoir doivent être établies par mot de la manière suivante :

	VOIE MADÈRE.	VOIE SAINT-VINCENT.	VOIE DAKAR.
1° Télégrammes transmis par poste, à partir de Madère et de Saint-Vincent, jusqu'à destination.............	1ᶠ80ᶜ	4ᶠ70ᶜ	2ᶠ50ᶜ (*)
2° Télégrammes à retransmettre par télégraphe, à partir de Capetown, jusqu'à destination des bureaux de la colonie du Cap ou du West-Griequaland.............	2 00	4 90	2 70 (*)
3° Télégrammes retransmis par télégraphe de Capetown jusqu'aux bureaux de Natal, de l'État libre d'Orange et du Transvaal.............	2 20	5 10	2 90 (*)

(*) A cette taxe, qui doit être perçue par moi, s'ajoute une taxe supplémentaire de 0 fr. 25 par télégramme pour frais de transport maritime.

Les télégrammes acheminés par ces voies doivent porter l'indication «Voie Dakar» «Voie Madère» ou «Voie Saint-Vincent». Quant à la mention «Poste», elle ne doit être employée que si le télégramme doit, à partir de Madère ou de Saint-Vincent, suivre la voie postale jusqu'à destination.

Par suite de l'existence au Brésil d'un bureau télégraphique du nom de Natal, les télégrammes à destination de Durban (colonie de Natal) doivent contenir dans l'adresse la double indication du nom de la station et de la colonie.

Toutefois, les télégrammes qui ne porteront que la seule indication de la colonie seront transmis aux risques des expéditeurs, qui auront à supporter éventuellement les conséquences de l'insuffisance de l'adresse.

Pour le Transvaal, les télégrammes à destination de Heidelberg, Pretoria et Standerton sont admis aux mêmes conditions de taxe que ceux qui sont à destination de la colonie du Cap. Les télégrammes qui ont une autre destination sont envoyés deux fois par semaine, le lundi et le jeudi, par exprès de Newcastle, le dernier bureau télégraphique de Natal, à Wesselstroom, et, de là, par la poste jusqu'à destination. La taxe de ce transport est fixée à 2 francs par télégramme. (Voir aussi bulletin de juillet 1887, page 213, États du sud de l'Afrique.)

(2) Même taxe que pour Aden. Ajouter 2 francs par télégramme avec mention taxée «POSTE ADEN».

(3) Les télégrammes pour les chantiers de l'isthme de Suez doivent être adressés : Canal de Suez, chantier n°

(4) Les communications télégraphiques avec les bureaux égyptiens de la 3ᵉ zone sont actuellement interrompues. Le bureau de Souakim reste seul relié au réseau télégraphique au moyen du câble posé entre Suez et Souakim. Les agents devront donc diriger uniquement par cette voie, dont la taxe est indiquée ci-dessus, les télégrammes à destination de cette ville.

PAYS.	MARSEILLE-MALTE ou ITALIE.		TÉLÉGRAMMES SPÉCIAUX.	OBSERVATIONS.
	Marseille-Malte ou Italie-Zante ou Italie-Medica / Aden.	Italie-El-Arich (par Italie-Turquie-Égypte).		
1	2	3	4	5
Laurenço-Marquès.........................	10f 60c	11f 50c	T. C. Art. 49, p. 49. C. R. Art. 50, p. 49. R. P. Art. 53, p. 51. Poste. Art. 57, p. 65.	
Madagascar (1)...........................	"	"		
Massouah..............................	4 50	5 45		
Mozambique............................	10 60	11 50	T. C. Art. 49, p. 49. C. R. Art. 50, p. 49. R. P. Art. 53, p. 51. Poste Art. 57, p. 65.	
Maurice (Île) (1).........................	"	"		
Natal (2) { Durban..........................	10 55	11 45	T. C. Art. 49, p. 49. C. R. Art. 50, p. 49. R. P. Art. 53, p. 51. Multiple. Art. 54, p. 59. Poste. Art. 57, p. 65.	
Natal (2) { Autres bureaux....................	10 75	11 65		
Obock (1).............................	"	"		
Réunion (Île de la) (1)...................	"	"		
Rodriguez (Île) (1).....................	"	"		
Seychelles (Îles) (1)...................	"	"		
Tripolitaine...........................	"	"	....	Voir régime européen, page 29.
Tunisie...............................	"	"	....	Voir correspondance intérieure, page 5.
Zanzibar..............................	9 50	10 20		

(1) Même taxe que pour Aden. Ajouter 2 francs par télégramme, avec mention taxée «Poste Aden».

Les télégrammes à destination de Madagascar, Nossi-Bé, îles de la Réunion et de Maurice, de Rodriguez et des Comores peuvent également être dirigés sur Mozambique. Même taxe télégraphique que pour Mozambique. Ajouter 2 francs par télégramme avec mention taxée «Poste Mozambique».

(2) Voir note (1), page 33.

2° AFRIQUE OCCIDENTALE. (1)

PAYS.	CADIX-CANARIES.			LISBONNE-SAINT-VINCENT.			TÉLÉGRAMMES SPÉCIAUX.	OBSERVATIONS.
	Espagne (lignes terrestres).	ESPAGNE (par câble de Marseille-Barcelone).	ANGLETERRE-FALMOUTH (par câble Vigo ou Bilbao).	Espagne (lignes terrestres).	ESPAGNE (par câble Marseille-Barcelone).	ANGLETERRE (par câble Falmouth-Lisbonne).		
1	2	3	4	5	6	7	8	9
Accra. Accra.............	9ᶠ25ᶜ	9ᶠ55ᶜ	10ᶠ05ᶜ	9ᶠ45ᶜ	9ᶠ75ᶜ	10ᶠ05ᶜ	T. C. Art. 49, p. 49. C. R. Art. 50, p. 49. R. P. Art. 53, p. 51. Poste. Art. 57, p. 65.	
Elmina, Winnebah, Salt-Pond, Cape-Coast-Castle, Pram-Pram et Addah............	9 55	9 85	10 35	9 75	10 05	10 35		
Ascension (Île) (2)..........	//	//	//	//	//	//		
Bassam (Grand-).............	....	....	....	....	....	....	....	Voir régime européen, page 20.
Bissao................	....	....	....	....	....	....	....	Voir régime européen, page 21.
Bolama...............	....	....	....	....	....	....	....	Voir régime européen, page 21.
Brass....................	11 25	11 55	12 05	11 45	11 75	12 05	T. C. Art. 49, p. 49. C. R. Art. 50, p. 49. R. P. Art. 53, p. 65. Poste. Art. 57, p. 65.	
Bonny...................	11 25	11 55	12 05	11 45	11 75	12 05		
Canaries (Îles)	....	....	....	....	....	....		Voir régime européen, page 22.
Cameron (2)...............	//	//	//	//	//	//		
Conakry................	//	//	//	//	//	//	....	Voir régime européen, page 22.

(1) D'une manière générale, et à moins d'indications contraires de la part de l'expéditeur, les agents devront diriger sur DAKAR les télégrammes à destination de ce points de l'Afrique occidentale non reliés par le télégraphe et sur ADEN les télégrammes de cette catégorie à destination de l'Afrique orientale.
La taxe à percevoir est, suivant le cas, celle de Dakar ou d'Aden, à laquelle il convient d'ajouter o fr. 25 par télégramme à partir de Dakar et 2 francs à partir d'Aden, avec mention taxée de « POSTE DAKAR » ou « POSTE ADEN ».

(2) Même taxe que pour Dakar ; ajouter o fr. 25 par télégramme pour transport maritime avec mention taxée « POSTE DAKAR ».

PAYS.	CADIX-CANARIES.			LISBONNE-SAINT-VINCENT.			TÉLÉGRAMMES SPÉCIAUX.	OBSERVATIONS.
	Espagne (lignes terrestres).	ESPAGNE (par câble de Marseille-Barcelone).	ANGLETERRE FALMOUTH (par câble Vigo ou Bilbao).	Espagne (lignes terrestres).	ESPAGNE (par câble Marseille-Barcelone).	ANGLETERRE (par câble Falmouth-Lisbonne).		
1	2	3	4	5	6	7	8	9
Gabon.................								Voir régime européen, page 23.
Kotonou. (Porto-Novo.).................								Voir régime européen, page 24.
Lagos.................	10^{f}25^c	10^{f}55^c	11^{f}05^c	10^{f}45^c	10^{f}75^e	11^{f}05^e		
Madère.................	"	"	"	1 70	2 00	2 30	T. C. Art. 49, p. 49. C. R. Art. 50, p. 49. R. P. Art. 53, p. 51. R. O. Art. 55, p. 59. Poste. Art. 57, p. 65.	
Maroc.................								Voir régime européen, page 25.
Mossamédès (1)...........	"	"	"	"	"	"		
Princes (Île des).............								Voir régime européen, page 27.

(1) Même taxe que pour Dakar; ajouter 0^{f}25^c par télégramme pour transport maritime avec mention taxée «Poste Dakar».

| PAYS. | CADIX-CANARIES. | | | LISBONNE-SAINT-VINCENT. | | | TÉLÉGRAMMES | OBSERVATIONS. |
| | Espagne (lignes terrestres). | ESPAGNE (par câble de Marseille-Barcelone). | ANGLETERRE-FALMOUTH (par câble Vigo ou Bilbao). | Espagne (lignes terrestres). | ESPAGNE (par câble Marseille-Barcelone). | ANGLETERRE (par câble Falmouth-Lisbonne). | SPÉCIAUX. | |
1	2	3	4	5	6	7	8	9
Sainte-Hélène (Île) (1).......	"	"	"	"	"	"		
San-Thiago (Praia)..........	5f 45c	5f 75c	6f 25c	5f 75c	6f 05c	6f 35c	T. C. Art. 49. p. 49. C. R. Art. 50, p. 49. R. P. Art. 53, p. 51. Poste. Art. 57, p. 65.	
Sainte-Marie-Bathurst.......	6 75	7 05	7 55	6 95	7 25	7 55		
Saint-Paul-de-Loanda.......	"	"	"	"	"	"	....	Voir régime européen, page 27.
Saint-Thomas (Île)..........	"	"	"	"	"	"	....	Voir régime européen, page 28.
Saint-Vincent (Île)..........	"	"	"	4 60	4 90	5 20	T. C. Art. 49, p. 49. C. R. Art. 50, p. 49. R. P. Art. 53, p. 51. Poste. Art. 57, p. 65.	
Sénégal..................	"	"	"	"	"	"	....	Voir régime européen, page 28.
Sierra-Leone..............	7 75	8 05	8 55	7 95	8 25	8 55		

(1) Les télégrammes pour Sainte-Hélène peuvent être adressés à Madère, où ils sont pris par les paquebots de la ligne du Cap qui touchent à Madère et à Sainte-Hélène. Même taxe que pour Madère. Ajouter 1 franc par télégramme avec mention taxée «poste Madère».

II.

AMÉRIQUE DU NORD.

PAYS.	VOIE P. Q.	VOIE ANGLO ou Direct cable.	VOIE COMMERCIAL.	VOIE WESTERN UNION.	TÉLÉGRAMMES SPÉCIAUX.	OBSERVATIONS.
1	2	3	4	5	6	7
Saint-Pierre ET **Miquelon** (Îles)...........	1ᶠ 25ᶜ	1ᶠ 25ᶜ	1ᶠ 25ᶜ	1ᶠ 25ᶜ		
Amérique anglaise. (1) — Canada. (Territoire d'Ontario et de Québec.)..................	1 25	1 25	1 25	1 25		
Cap-Breton....................	1 25	1 25	1 25	1 25		
Colombie anglaise,............	2 20	2 20	2 20	2 20		
Manitoba (Territoire de)........	1 90	1 90	1 90	1 90		
Nouvelle-Écosse.............	1 25	1 25	1 25	1 25		
Nouveau-Brunswick............	1 25	1 25	1 25	1 25		
Prince-Édouard (Île du)..........	1 25	1 25	1 25	1 25		
Terre-Neuve.................	1 25	1 25	1 25	1 25		
Vancouver (Île de).............	2 20	2 20	2 20	2 20		
North Western (Territory).......	2 20	2 20	2 20	2 20		
États-Unis. (1) — Alabama....................	1 55	1 55	1 55	1 55	T. C. Art. 49, p. 49.	
Arizona.....................	1 90	1 90	1 90	1 90	C. R. Art. 50, p. 49.	
Arkansas	1 80	1 80	1 80	1 80	R. P.	
Californie...................	1 90	1 90	1 90	1 90	Art. 53, p. 51.	
Caroline du Nord.............. Caroline du Sud...............	1 55	1 55	1 55	1 55	Exprès. Art. 56, p. 61.	
Colorado (Territoire de).........	1 80	1 80	1 80	1 80	Poste. Art. 57, p. 65.	
Colombie (District de)..........	1 45	1 45	1 45	1 45		
Connecticut..................	1 25	1 25	1 25	1 25		
Dakotah.....................	1 80	1 80	1 80	1 80		
Delaware....................	1 45	1 45	1 45	1 45		
Floride.... — Jacksonville.......	1 80	1 80	1 80	1 80		
Pensacola.........	1 55	1 55	1 55	1 55		
Key-West.........	2 10	2 10	2 10	2 10		
Autres bureaux....	1 80	1 80	1 80	1 80		
Géorgie.....................	1 55	1 55	1 55	1 55		
Idaho (Territoire d')...........	1 90	1 90	1 90	1 90		
Illinois.....................	1 55	1 55	1 55	1 55		
Indiana (Territoire d')...........	1 55	1 55	1 55	1 55		
Indien (Territoire).............	1 80	1 80	1 80	1 80		
Iowa.......................	1 80	1 80	1 80	1 80		

(1) Voir la note (2) au bas de la page 40.

PAYS.	VOIE P. Q.	VOIE ANGLO ou Direct cable.	VOIE COMMERCIAL.	VOIE WESTERN UNION.	TÉLÉGRAMMES SPÉCIAUX.	OBSERVATIONS.
1	2	3	4	5	6	7
États-Unis. (Suite.) (1)						
Kansas (Territoire de)	1f 80c	1f 80c	1f 80c	1f 80c		
Kentucky	1 55	1 55	1 55	1 55		
Louisiane... { New-Orléans	1 55	1 55	1 55	1 55		
Autres bureaux	1 80	1 80	1 80	1 80		
Maine	1 25	1 25	1 25	1 25		
Maryland	1 45	1 45	1 45	1 45		
Massachusetts	1 25	1 25	1 25	1 25		
Michigan	1 55	1 55	1 55	1 55		
Minnesota. - { Duluth / Minneapolis / Saint-Paul	1 55	1 55	1 55	1 55	T. C.	
Autres bureaux	1 80	1 80	1 80	1 80	Art. 49, p. 49.	
Mississippi	1 55	1 55	1 55	1 55	C. R.	
Missouri... { Saint-Louis	1 55	1 55	1 55	1 55	Art. 50, p. 49.	
Autres bureaux	1 80	1 80	1 80	1 80	R. P.	
Montana (Territoire de)	1 80	1 80	1 80	1 80	Art. 53, p. 51.	
Nebraska (Territoire de)	1 80	1 80	1 80	1 80	Exprès.	
Nevada (Territoire de)	1 90	1 90	1 90	1 90	Art. 56, p. 61.	
New-Hampshire	1 25	1 25	1 25	1 25	Poste.	
New-Jersey	1 45	1 45	1 45	1 45	Art. 57, p. 65.	
New-Mexico	1 80	1 80	1 80	1 80		
New-York... { New-York-City (Ville de New-York) / Brooklyn-Yonkers	1 25	1 25	1 25	1 25		
Autres bureaux	1 45	1 45	1 45	1 45		
Ohio	1 55	1 55	1 55	1 55		
Orégon	1 90	1 90	1 90	1 90		
Pennsylvanie	1 45	1 45	1 45	1 45		
Rhode-Island	1 25	1 25	1 25	1 25		
Tennessee	1 55	1 55	1 55	1 55		
Texas	1 80	1 80	1 80	1 80		
Utah (Territoire d')	1 90	1 90	1 90	1 90		
Vermont	1 25	1 25	1 25	1 25		
Virginie occidentale / Virginie orientale	1 55	1 55	1 55	1 55		
Washington (Territoire de)	1 90	1 90	1 90	1 90		
Wisconsin	1 55	1 55	1 55	1 55		
Wyoming	1 80	1 80	1 80	1 80		

(1) Voir la note (a) au bas de la page 40.

PAYS.	VOIE DU NORD.								VOIE DU SUD.		TÉLÉGRAMMES spéciaux.	OBSERVATIONS.
	VOIE GALVESTON ou voie des lignes terrestres mexicaines (3) par				VOIE Key-West (Jamaïque) (1) par				Espagne-Lisbonne-Pernambouc-Valparaiso.	Marseille-Barcelone-Lisbonne-Pernambouc-Valparaiso.		
	voie P. Q.	voie Anglo ou *Direct cable.*	voie Commercial.	voie Western Union.	voie P. Q.	voie Anglo ou *Direct cable.*	voie Commercial.	voie Western Union.				
	2	3	4	5	6	7	8	9	10	11	12	13
Mexique. (2) Chihuahua, Guaymas, Hermosillo, Matamoras, Monterey, Sabinas, Saltillo, Sauz....	2f 20c	2f 20c	2f 20c	2f 20c	15f 55c	15f 55c	15f 55c	15f 55c	"	"		
Mexico..........	3 15	3 15	3 15	3 15	15 55	15 55	15 55	15 55	"	"	T. C. Art. 49, p. 49. C. R. Art. 50, p. 49. R. P. Art. 53, p. 51. Poste. Art. 57, p. 65.	
Tampico.........	3 15	3 15	3 15	3 15	15 85	15 85	15 85	15 85	37f 55	37f 85c		
Vera-Cruz.......	3 15	3 15	3 15	3 15	15 30	15 30	15 30	15 30	36 70	37 00		
Goatzacoalcos, Jaltipan, Reyes, San-Geronimo, Tehuantepec, Zarabia....	3 35	3 35	3 35	3 35	15 30	15 30	15 30	15 30	"	"		
Autres bureaux....	3 35	3 35	3 35	3 35	15 55	15 55	15 55	15 55	"	"		

(1) Les télégrammes dirigés par la voie Jamaïque doivent porter la mention « *Voie Key-West* », qui n'est pas taxée.

(2) Les COMPAGNIES TRANSATLANTIQUES ont établi, de commun accord, entre elles et avec la WESTERN UNION TELEGRAPH COMPANY, une liste des stations américaines pour lesquelles on peut accepter des télégrammes ne portant pas dans l'adresse le nom de l'État dans lequel elles sont situées.

Ces stations sont les suivantes :

Albany	New-York.	Jersey-City	New-Jersey.	Pensacola	Floride.
Atlanta	Georgie.	Kansas-City	Missouri.	Pittsburg	Pennsylvanie.
Baltimore	Maryland.	Leavenworth	Kansas.	Providence	Rhode-Island.
Boston	Massachusetts.	Lima	Pérou.	Québec	Québec.
Brooklyn	New-York.	Louisville	Kentucky.	Richmond	Virginie.
Buffalo	New-York.	Louvel	Massachusetth.	Rochester	New-York.
Charleston	Caroline du Sud.	Macon	Georgie.	Sacramento	Californie.
Chattanooga	Tennessee.	Memphis	Tennessee.	Saint-John	Nouveau Brunswick.
Chicago	Illinois.	Mexico	Mexico.	Saint-Johns	Terre-Neuve.
Cincinnati	Ohio.	Millwaukee	Wisconsin.	Saint-Louis	Missouri.
Cleveland	Ohio.	Minneapolis	Minnesota.	Saint-Paul	Minnesota.
Colon	Panama.	Mobile	Alabama.	Saint-Thomas	Indes occidentales.
Denver	Colorado.	Montevideo	Uruguay.	Salt-Lake-City	Utah.
Des Moines	Iova.	Montgomery	Alabama.	San-Francisco	Californie.
Détroit	Michigan.	Montréal	Québec.	Shreveport	Louisiane.
Fernandina	Florida.	Nashville	Tennessee.	Savannah	Géorgie.
Galt	Ontario.	New-Orleans	Louisiane.	Toledo	Ohio.
Galveston	Texas.	New-York	New-York.	Topeka	Kansas.
Grenada	Indes occidentales.	Newhaven	Connecticut.	Toronto	Ontario.
Halifax	Nouvelle-Ecosse.	Norfolk	Virginie.	Valparaiso	Chili.
Hartford	Connecticut.	Omaha	Nebraska.	Vera-Cruz	Mexico.
Havane	Cuba.	Ottawa	Ontario.	Vicksburg	Mississippi.
Indianapolis	Indiana.	Panama	Panama.	Washington	District de Colombie.
Jacksonville	Floride.	Philadelphie	Pennsylvanie.	Winnipeg	Manitoba.

Quant aux télégrammes pour des stations autres que celles qui sont indiquées ci-dessus, dans lesquelles l'indication de l'État destinataire serait omise, ils ne seront, dans le cas où le nom de la station destinataire serait commun avec celui d'autres stations, transmis qu'aux risques de l'expéditeur.

(3) Le Mexique est relié aux États-Unis par 4 voies terrestres Nogales, El Paso, Laredo et Brownsville. Ces voies sont utilisées concurremment avec la voie du câble de Galveston et au **même tarif.** Aucune mention spéciale n'est du reste nécessaire, les compagnies américaines empruntant d'office les lignes terrestres dans tous les cas où leur emploi est plus avantageux pour les télégrammes que celui du câble de Galveston-Tampico, et surtout en cas d'interruption de ce câble.

III.

AMÉRIQUE CENTRALE [1].

PAYS.		VOIE DU NORD. — TAXE PAR MOT.								TÉLÉGRAMMES SPÉCIAUX.	OBSERVATIONS.
		VOIE Key-West (Jamaïque) par				VOIE GALVESTON [2] par					
		voie P. Q.	voieAnglo ou *Direct cable.*	voie Com-mercial.	voie Western-Union.	voie P. Q.	voieAnglo ou *Direct cable.*	voie Com-mercial.	voie Western-Union.		
1		2	3	4	5	6	7	8	9	10	11
Antilles ou Indes occidentales. [2]	Antigua (Antigoa).........	13f75c	13 75	13 75	13 75	17f10c	17f10c	17f10c	17f10c		
	Barbades...............	15 95	15 95	15 95	15 95	19 40	19 40	19 40	19 40		
	Cuba [3] — Havane......	3 85	3 85	3 85	3 85	15 85	15 85	15 85	15 85		
	Cienfuegos....	5 20	5 20	5 20	5 20	15 85	15 85	15 85	15 85	T. C. Art. 49, p. 49. C. R. Art. 50, p. 49. R. P. Art. 53, p. 51. Poste. Art. 57, p. 65.	
	Santiago......	5 65	5 65	5 65	5 65	12 30	12 30	12 30	12 30		
	Guantanamo..										
	Manzanillo....	5 95	5 95	5 95	5 95	15 85	15 85	15 85	15 85		
	Bayamo.......										
	Autres bureaux.	4 20	4 20	4 20	4 20	15 85	15 85	15 85	15 85		
	Curaçao [4]..............	12 95	12 95	12 95	12 95	18 25	18 25	18 25	18 25		
	Dominique..............	14 50	14 50	14 50	14 50	17 95	17 95	17 95	17 95		
	Grenade................	15 95	15 95	15 95	15 95	19 30	19 30	19 30	19 30		
	Guadeloupe.............	14 30	14 30	14 30	14 30	17 60	17 60	17 60	17 60		

[1] D'après les renseignements fournis par le bureau international, les États suivants se refusent à donner suite aux réclamations concernant la transmission ou la remise des télégrammes passant par leurs lignes, ainsi qu'à rembourser la taxe, dans quelque circonstance que ce soit : Bolivie, Colombie, Costa-Rica, Équateur, Honduras, Mexique Pérou, Vénézuéla, Cuba, Guatemala.

Les télégrammes pour ces pays ne peuvent donc être acceptés qu'aux risques des expéditeurs.

Cette réserve et cette condition ne s'appliquent pas aux télégrammes à destination des bureaux des compagnies «Mexican» «Central and South Américan» et «West Coast America Telegraph», et qui sont :

CUBA................... { Cienfuegos. La Havane. Santiago.

COLOMBIE............... { Buenaventura. Colon. Panama.

ÉQUATEUR.............. { Guayaquil. Santa-Elena.

MEXIQUE............... { Goatzacoalcos. Jaltepan. Mexico. Reyes. Salina-Cruz. San Geronimo. Tampico. Vera Cruz. Zarabia.

PÉROU................. { Callao. Lima. Mollendo. Payta.

(2) (3) (4) Notes reportées à la page suivante.

6

PAYS.	VOIE DU NORD.								TÉLÉGRAMMES SPÉCIAUX.	OBSERVATIONS.
	TAXE PAR MOT.									
	VOIE Key-West (Jamaïque) par				VOIE GALVESTON (2) par					
	voie P. Q.	voie Anglo ou *Direct cable.*	voie Commercial.	voie Western-Union.	voie P. Q.	voie Anglo ou *Direct cable.*	voie Commercial.	voie Western-Union.		
1	2	3	4	5	6	7	8	9	10	11
Antilles ou Indes occidentales. (2)										
Jamaïque	8f 35c	8f 35c	8f 35c	8f 35c	11f 25c	11f 25c	11f 25c	11f 25c		
Martinique	14 70	14 70	14 70	14 70	18 15	18 15	18 15	18 15		
Porto-Rico	12 30	12 30	12 30	12 30	15 85	15 85	15 85	15 85		
Saint-Christophe (Saint-Kitts)	13 45	13 45	13 45	13 45	16 90	16 90	16 90	16 90		
Sainte-Croix	12 70	12 70	12 70	12 70	16 25	16 25	16 25	16 25	T. C. Art. 49, p. 49. C. R. Art. 50, p. 49. R. P. Art. 53, p. 51. Poste. Art. 57, p. 65.	
SAN-DOMINGUE, HAÏTI. (4) — Môle St-Nicolas (Haïti)	9 90	9 90	9 90	9 90	15 20	15 20	15 20	15 20		
Cotuy, La Vega, Puerto-Plata, San-Domingue, (ville) Santiago et Moca	12 50	12 50	12 50	12 50	17 80	17 80	17 80	17 80		
Sainte-Lucie	15 00	15 00	15 00	15 00	18 45	18 45	18 45	18 45		
Saint-Thomas	12 50	12 50	12 50	12 50	15 95	15 95	15 95	15 95		
Saint-Vincent	15 45	15 45	15 45	15 45	18 75	18 75	18 75	18 75		
Trinité	16 55	16 55	16 55	16 55	20 00	20 00	20 00	20 00		

(2) (3) (4) Notes reportées de la page précédente.

(2) Les télégrammes à destination des colonies des Indes occidentales, où il y a plus d'une station télégraphique, doivent contenir dans l'adresse la double indication du nom de la station et de la colonie.

Toutefois les télégrammes qui ne porteront que la seule mention de la colonie seront transmis aux risques des expéditeurs qui auront à supporter éventuellement les conséquences de l'insuffisance de l'adresse.

Les télégrammes dirigés par la voie Galveston (**Galveston-Colon-Kingston**) doivent porter dans le préambule la mention *voie Galveston*, qui n'est pas taxée.

(3) Les télégrammes pour Cuba peuvent être rédigés en langage convenu ou en chiffres ou en lettres secrètes; toutefois le Gouvernement cubain se réserve le droit d'exiger la traduction des télégrammes ainsi rédigés, avant qu'ils soient remis aux destinataires.

Les télégrammes pour Cuba autres que pour la Havane, Cienfuegos et Santiago ne doivent être acceptés qu'aux risques de l'expéditeur.

(4) Par exception, les télégrammes à destination de San-Domingue (Haïti) et de Curaçao doivent porter l'indication «*via* **Key-West-Haïti**» au lieu de «*via Key-West*» et «*via* **Galveston-Haïti**» au lieu de «*via Galveston*».

PAYS.	voie P. Q. (2)	voie Anglo ou *Direct câble.* (3)	voie Commercial. (4)	voie Western-Union. (5)	voie P. Q. (6)	voie Anglo. ou *Direct câble.* (7)	voie Commercial. (8)	voie Western-Union. (9)	Espagne-Lisbonne-Pernambouc-Valparaiso. (10)	Marseille-Barcelone-Lisbonne-Pernambouc-Valparaiso. (11)	TÉLÉGRAMMES SPÉCIAUX. (12)
	VOIE DU NORD. TAXE PAR MOT.								**VOIE DU SUD.**		
	VOIE GALVESTON par				VOIE Key-West (Jamaïque) par						
Costa-Rica	6f 55c	6f 55c	6f 55c	6f 55c	14f 50c	14f 50c	14f 50c	14f 50c	33f 25c	33f 55c	
Guatémala	5 30	5 30	5 30	5 30	14 80	14 80	14 80	14 80	34 40	34 70	
Honduras	5 30	5 30	5 30	5 30	14 80	14 80	14 80	14 80	34 40	34 70	
Nicaragua. San-Juan-del-Sur	6 25	6 25	6 25	6 25	14 20	14 20	14 20	14 20	33 00	33 30	T. C. Art. 49. p. 49. C. R. Art. 50. p. 49. R. P. Art. 55, p. 51. Poste. Art. 57, p. 65.
Tous les autres bureaux.	6 55	6 55	6 55	6 55	14 50	14 50	14 50	14 50	33 25	33 55	
Salvador. Libertad	5 //	5 //	5 //	5 //	14 60	14 60	14 60	14 00	34 15	34 45	
Tous les autres bureaux.	5 30	5 30	5 30	5 30	14 80	14 80	14 80	14 80	34 40	34 70	
Isthme de Panama. (1) Panama	6 25	6 25	6 25	6 25	6 25	6 25	6 25	6 25	35 05	35 35	
Colon (Aspinwall)	6 25	6 25	6 25	6 25	6 25	6 25	6 25	6 25	35 30	35 60	
Tous les autres bureaux.	6 25	6 25	6 25	6 25	6 25	6 25	6 25	6 25	//	//	

(1) Les télégrammes pour Panama et Colon à transmettre par la voie des États-Unis et du Mexique doivent porter en préambule : *Voie Galveston.* La voie la plus directe est la voie Key-West pour laquelle aucune indication n'est nécessaire.

IV.

AMÉRIQUE DU SUD [1].

PAYS.	VOIE DU NORD. BREST, LE HAVRE OU LONDRES.				VOIE DU SUD. LISBONNE, SAINT-VINCENT [2].				TÉLÉGRAMMES
	Voie de Galveston par				Espagne (lignes terrestres).	Espagne (Marseille-Barcelone).	Angleterre (par câble Falmouth ou Lizard).	Marseille-Malte-Lisbonne.	spéciaux.
	voie P. Q.	voie Anglo ou Direct cable	voie Commercial.	Voie Western-Union.					
1	2	3	4	5	6	7	8	9	10
Bolivie... La Paz [3]....	17ᶠ 50ᶜ	17ᶠ 50ᶜ	17ᶠ 50ᶜ	17ᶠ 50ᶜ	20ᶠ 70ᶜ	21ᶠ 00ᶜ	21ᶠ 30ᶜ	21ᶠ 65ᶜ	T. C. Art. 49, p. 49. C. R. Art. 50, p. 49. R. P. Art. 53, p. 51. Poste Art. 57, p. 65.
Autres bureaux.	15 55	15 55	15 55	15 55	15 90	16 20	16 50	16 85	
	Voie Key-West (Jamaïque).								
Bolivie... La Paz [3]....	28 55	28 55	28 55	28 55	"	"	"	"	
Autres bureaux.	32 10	32 10	32 10	32 10	"	"	"	"	

(**1**) Voir la note (1) de la page 41.

(**2**) Les conditions d'acceptation des télégrammes sont celles de la Convention internationale, sauf les exceptions suivantes :

L'emploi des lettres secrètes n'est autorisé que pour les télégrammes d'État. Le collationnement ne s'applique qu'aux télégrammes pour lesquels l'expéditeur l'aura demandé.

Les mots composés d'une manière contraire à l'usage de la langue dans laquelle est rédigé le télégramme ne sont pas acceptés. Les mots en abrégé et orthographiés incorrectement ne sont pas admis.

Les télégrammes multiples ne sont pas admis.

Les mots qui n'appartiennent pas à l'une des langues autorisées par le règlement international, de même que les noms de personnes et de places qui, dans le texte des télégrammes, ne sont pas employés dans leur signification véritable, sont taxés comme les groupes de chiffres, c'est-à-dire à raison de trois lettres pour un mot.

Il n'est pas organisé jusqu'à présent de service par exprès.

La surtaxe postale est fixée à 1 fr. 25 cent., à partir des bureaux de l'Amérique du Sud.

(**3**) Les télégrammes pour La Paz ne peuvent être acceptés qu'aux risques des expéditeurs.

PAYS.	VOIE DU NORD. — VOIE DE GALVESTON par — voie P. Q. (2)	voie Anglo ou Direct cable. (3)	voie Commercial. (4)	voie Western-Union. (5)	VOIE KEY-WEST (Jamaïque) par — voie P. Q. (6)	voie Anglo ou Direct cable. (7)	voie Commercial. (8)	voie Western-Union. (9)	VOIE DU SUD (1). — Espagne (lignes terrestres). (10)	Espagne (par câble Marseille-Barcelone). (11)	Angleterre (par câble Falmouth ou Lizard). (12)	Marseille-Malte-Lisbonne. (13)	TÉLÉGRAMMES SPÉCIAUX. (14)
Brésil (2). Pernambouc									8f 60c	8f 90c	9f 20c	9f 55c	
Rio-de-Janeiro et région du Centre (2)									9 75	10 05	10 35	10 70	
Stations au nord (2) de Rio-de-Janeiro									11 65	11 95	12 25	12 60	
Rio-Grande-do-Sul, Desterro (*Santa-Catarina*), Santos et les stations au sud (2) de Rio-de-Janeiro et Ile Grande									10 65	10 95	11 25	11 60	
Brésil (2). Ceara (Fortalezza)	15f 30c	15f 30c	15f 30c	15f 30c	41f 55c	41f 55c	41f 55c	41f 55c	"	"	"	"	T. C. Art. 49, p. 49.
Maranham, Natal, Maroim	20 50	20 50	20 50	20 50	41 55	41 55	41 55	41 55	"	"	"	"	C. R. Art. 50, p. 49.
Para, Parahyba	20 50	20 50	20 50	20 50	41 55	41 55	41 55	41 55	"	"	"	"	
Pelotas	9 35	9 35	9 35	9 35	35 30	35 30	35 30	35 30	"	"	"	"	R. P. Art. 53, p. 51.
Pernambouc	8 75	8 75	8 75	8 75	35 10	35 10	35 10	35 10	"	"	"	"	Poste. Art. 57, p. 65.
Rio-de-Janeiro	9 90	9 90	9 90	9 90	34 30	34 30	34 30	34 30	"	"	"	"	
Rio-Grande-do-Sul	10 80	10 80	10 80	10 80	34 30	34 30	34 30	34 30	"	"	"	"	
Santos	10 80	10 80	10 80	10 80	34 30	34 30	34 30	34 30	"	"	"	"	
Desterro (*Santa-Catarina*)	10 80	10 80	10 80	10 80	34 30	34 30	34 30	34 30	"	"	"	"	
Bahia	9 90	9 90	9 90	9 90	35 10	35 10	35 10	35 10	"	"	"	"	
Autres bureaux. des régions du Nord (2)	9 90	9 90	9 90	9 90	42 60	42 60	42 60	42 60	"	"	"	"	
du Centre (2)	9 90	9 90	9 90	9 90	36 15	36 15	36 15	36 15	"	"	"	"	
de la région du Sud (2) et Ile Grande	10 80	10 80	10 80	10 80	35 30	35 30	35 30	35 30	"	"	"	"	

(**1**) Voir la note (2) à la page précédente.

(**2**) **Nota.** La nomenclature des bureaux étrangers indique dans quelle région se trouve chacun des bureaux brésiliens. En l'absence d'indications de la part de l'expéditeur, les télégrammes à destination du Brésil sont indifféremment transmis par les voies des câbles «Western» ou des lignes terrestres brésiliennes.

PAYS.	VOIE DU NORD. BREST OU LE HAVRE OU LONDRES.								VOIE DU SUD (1). LISBONNE-SAINT-VINCENT.				TÉLÉGRAMMES SPÉCIAUX.
	Voie de Galveston par				Voie Key-West (Jamaïque) par				Espagne (lignes terrestres).	Espagne (Marseille Barcelone).	Angleterre (par câble Falmouth ou Lizard).	Marseille-Malte-Lisbonne.	
	voie P.-Q.	voie Anglo ou Direct cable.	voie Commercial.	voie Western Union.	voie P.-Q.	voie Anglo ou Direct cable.	voie Commercial.	voie Western Union.					
1	2	3	4	5	6	7	8	9	10	11	12	13	14
Chili. Antofagasta............	**10ᶠ90ᶜ**	**10ᶠ90ᶜ**	**10ᶠ90ᶜ**	**10ᶠ90ᶜ**	27ᶠ20ᶜ	27ᶠ20ᶜ	27ᶠ20ᶜ	27ᶠ20ᶜ	**10ᶠ90ᶜ**	11ᶠ20ᶜ	11ᶠ50ᶜ	11ᶠ85ᶜ	
Iquique	**10 90**	**10 90**	**10 90**	**10 90**	25 00	25 00	25 00	25 00	**10 90**	11 20	11 50	11 85	
Arica...............	**10 90**	**10 90**	**10 90**	**10 90**	23 35	23 35	23 35	23 35	**10 90**	11 20	11 50	11 85	
Tous les autres bureaux.	**10 90**	**10 90**	**10 90**	**10 90**	28 55	28 55	28 55	28 55	**10 90**	11 20	11 50	11 85	
Colombie. Buenaventura.........	**6 90**	**6 90**	**6 90**	**6 90**	14 60	14 60	14 60	14 60	33 70	34 00	34 30	34 65	T. C. Art. 49, p. 49. C. R. Art. 50, p. 49. R. P. Art. 53, p. 51. Poste. Art. 57, p. 65.
Autres bureaux.......	**7 20**	**7 20**	**7 20**	**7 20**	14 80	14 80	14 80	14 80	34 05	34 35	34 65	35 00	
Équateur. Santa-Helena, Guayaquil.............	**10 30**	**10 30**	**10 30**	**10 30**	15 85	15 85	15 85	15 85	29 75	30 05	30 35	30 70	
Autres bureaux........	**10 30**	**10 30**	**10 30**	**10 30**	16 45	16 45	16 45	16 45	29 75	30 05	30 35	30 70	
Guyane anglaise. Demerara, Berbice et autres bureaux....	22 10	22 10	22 10	22 10	**18 75**	**18 75**	**18 75**	**18 75**	"	"	"	"	
Guyane française (2)...													
Guyane hollandaise (2)..													

(1) Voir la note (2), page 44.

(2) Même taxe que pour Demerara, ajouter 1 fr. 25 par télégramme pour le transport postal à partir de Demerara, avec mention taxée : «Poste Demerara.»

PAYS.	VOIE DU NORD. BREST OU LE HAVRE OU LONDRES.								VOIE DU SUD. (1) LISBONNE-SAINT-VINCENT.				TÉLÉGRAMMES SPÉCIAUX.
	Voie de Galveston par				Voie Key-West (Jamaïque) par				Espagne (lignes terrestres).	Espagne (Marseille-Barcelone).	Angleterre (par câble Falmouth ou Lizard).	Marseille-Malte-Lisbonne.	
	voie P. Q.	voie Anglo ou Direct câble.	voie Commercial.	voie Western Union.	voie P. Q.	voie Anglo ou Direct câble.	voie Commercial.	voie Western Union.					
1	2	3	4	5	6	7	8	9	10	11	12	13	14
PARAGUAY.													
(Tous les bureaux).....	8f60c	8f60c	8f60c	8f60c	32f00c	32f00c	32f00c	32f00c	//	//	//	//	
VOIE DES CÂBLES WESTERN (2) (Tous les bureaux)....	.....	.....	.....	.....	.....	.....	.....	.....	8f60c	8f90c	9f20c	9f55c	
VOIE TERRESTRE BRÉSILIENNE. (2) (Tous les bureaux)....	.....	.....	.....	.....	.....	.....	.....	.....	8 60	8 90	9 20	9 55	T. C. Art. 49, p. 49.
PÉROU.													
Arequipa, Islay et Punos	15 00	15 00	15 00	15 00	23 55	23 55	23 55	23 55	//	//	//	//	G. R. Art. 50, p. 49.
Callao.............	10 20	10 20	10 20	10 20	18 75	18 75	18 75	18 75	24 45	24 75	25 05	25 40	R. P. Art. 53, p. 51.
Chorillos...........	10 20	10 20	10 20	10 20	17 70	17 70	17 70	17 70	//	//	//	//	
Lima..............	10 20	10 20	10 20	16 20	17 70	17 70	17 70	17 70	24 45	24 75	25 05	25 40	Poste. Art. 57, p. 65.
Mollendo...........	13 85	13 85	13 85	13 85	21 35	21 35	21 35	21 35	20 70	21 00	21 30	21 65	
Payta.............	11 05	11 05	11 05	11 05	16 80	16 80	16 80	16 80	27 60	27 90	28 20	28 55	
Piura (3)...........	12 10	12 10	12 10	12 10	17 50	17 50	17 50	17 50	//	//	//	//	
Chancay, Chicla, Chosica, Huacho, Macucana, San Bartolome, San Mateo, Santa Clara, Supe, Surco.......	10 75	10 75	10 75	10 75	18 75	18 75	18 75	18 75	//	//	//	//	
Tous les autres bureaux.	15 00	15 00	15 00	15 00	18 75	18 75	18 75	18 75	20 70	21 00	21 30	21 65	

(1) Voir la note (2) à la page 44.

(2) **Nota.** En l'absence d'indications de la part de l'expéditeur, les télégrammes à destination du Paraguay sont indifféremment transmis par les voies des « câbles Western » ou des lignes terrestres brésiliennes. Aucune de ces deux mentions ne doit par suite être transmise d'office par les agents.

(3) Les télégrammes pour Piura doivent être rédigés en langage clair et la langue espagnole est seule admise pour cette correspondance.

PAYS.	VOIE DU NORD.								VOIE DU SUD (1).				TÉLÉGRAMMES SPÉCIAUX.
	VOIE DE GALVESTON par				VOIE KEY-WEST (Jamaïque) par				Espagne (lignes terrestres).	Espagne (par câble Marseille-Barcelone).	Angleterre (par câble Falmouth ou Lizard.)	Marseille-Malte-Lisbonne.	
	voie P. Q.	voie Anglo ou Direct cable.	voie Commercial.	voie Western Union.	voie P. Q.	voie Anglo ou Direct cable.	voie Commercial.	voie Western Union.					
1	2	3	4	5	6	7	8	9	10	11	12	13	14
RÉPUBLIQUE ARGENTINE. Tous les bureaux......	**8f60c**	**8f60c**	**8f60c**	**8f60c**	32f 00c	32f 00c	32f 00c	32f 00c	"	"	"	"	T. C. Art. 49, p. 49.
VOIE DES CÂBLES WESTERN. Tous les bureaux (2)...	......	......	......	......	......	......	......	......	**8f60c**	8f 90c	9f 20c	9f 55c	C. R. Art. 50, p. 49.
VOIE TERRESTRE BRÉSILIENNE. Tous les bureaux (2)...	......	......	......	......	......	......	......	......	**8 60**	8 90	9 20	9 55	R. P. Art. 53, p. 51.
URUGUAY. Fray-Bentos......... Paysandu...........	**11 30**	**11 30**	**11 30**	**11 30**	35 10	35 10	35 10	35 10	**11 30**	11 60	11 90	12 25	Poste. Art. 57, p. 65.
Autres bureaux.......	**11 30**	**11 30**	**11 30**	**11 30**	33 15	33 15	33 15	33 15	**11 30**	11 60	11 90	12 25	

(1) Voir la note (2) à la page 44.

(2) **Nota.** En l'absence d'indications de la part de l'expéditeur, les télégrammes à destination de la République Argentine sont indifféremment transmis par les voies des «câbles *Western*» ou des lignes terrestres brésiliennes. Aucune de ces deux mentions ne doit, en conséquence, être transmise d'office par les agents.

PAYS.	VOIE DU NORD.								VOIE DU SUD (1).				TÉLÉGRAMMES SPÉCIAUX.
	VOIE DE GALVESTON par				VOIE KEY-WEST (Jamaïque) par				Espagne (lignes terrestres).	Espagne (par câble Marseille, Barcelone.)	Angleterre (par câble Falmouth ou Lizard).	Marseille-Malte-Lisbonne.	
	voie P. Q.	voie Anglo ou Direct cable.	voie Commercial.	voie Western Union.	voie P. Q.	voie Anglo ou Direct cable.	voie Commercial.	voie Western Union.					
1	2	3	4	5	6	7	8	9	10	11	12	13	14
La Guayra..........	//	//	//	//	//	//	//	//	//	//	//	//	
Caracas...........	//	//	//	//	//	//	//	//	//	//	»	//	T. C. Art. 49, p. 49.
Autres bureaux......	//	//	//	//	//	//	//	//	//	//	»	//	C. R. Art. 50, p. 49.
	VOIE GALVESTON-HAÏTI.				VOIE KEY-WEST HAÏTI.								R. P. Art. 53, p. 51.
La Guayra..........	19ᶠ05ᶜ	19ᶠ05ᶜ	19ᶠ05ᶜ	19ᶠ05ᶜ	13ᶠ75ᶜ	13ᶠ75ᶜ	13ᶠ75ᶜ	13ᶠ75ᶜ	//	//	//	//	Poste. Art. 57, p. 65.
Caracas...........	19 50	19 50	19 50	19 50	14 20	14 20	14 20	14 20	//	//	//	//	
Autres bureaux......	19 50	19 50	19 50	19 50	14 20	14 20	14 20	14 20	//	//	//	»	

VÉNÉZUÉLA (2).

(1) Voir la note (2) de la page 44.

(2) Par suite de l'interruption des communications **terrestres** télégraphiques entre la Colombie et le Vénézuéla, les seules voies actuellement utilisables sont celles de **Key West Haïti** et **Galveston Haïti** (Galveston-Colon-Kingston, dont les taxes sont indiquées ci-dessus.

Les télégrammes pour le Vénézuéla peuvent en outre être expédiés par poste de Colon ou de Trinidad et acquitter la taxe prévue pour ces destinations. Les frais de poste à percevoir, outre cette taxe, sont de 1 fr. 25 cent. par télégramme.

Les paquebots partent chaque mois de Colon : pour Cartagena, le 29; pour Savanilla, Barancquilla, Puerto-Cabello, la Guayra, les 3, 8, 23 et 29; pour Barcelone, les 3 et 23.

De Trinidad partent chaque semaine des paquebots à destination des principaux ports du Vénézuéla.

V.

ASIE.

PAYS.	VOIE DE MOULMEIN.		VOIE ITALIE-Turquie-Faô-Singapore. (Otrante-Vallona) ou Suisse-Autriche-Bosnie-(Gradiska) Turquie-Faô.	VOIE DE MALTE-SINGAPORE. — Malte (par Marseille) ou Italie-Otrante-Suez.	VOIE DE RUSSIE. — Calais-Faô ou Allemagne ou Suisse-Autriche ou Italie-Autriche.		TÉLÉGRAMMES SPÉCIAUX.	OBSERVATIONS.
	Italie-Turquie-Faô (Otrante-Vallona) ou Suisse-Autriche-Bosnie-(Gradiska) Turquie-Faô.	Malte (par Marseille) ou Calais-Fanó ou Allemagne ou Suisse Djoulfa.			Djoulfa.	Wladiwostok		
1	2	3	4	5	6	7	8	9
AFGHANISTA	"	"	4f 50c	5f 00c	5f 00c	"	T. C. Art. 49, p. 49. C. R. Art. 50, p. 49. R. P. Art. 53, p. 51. Poste. Art. 57, p. 65.	
ANNAM (1)	6f 65c	7f 15c	7 40	7 05	7 65	10f 40c		

(1) Les télégrammes à destination de l'Annam, de la Cochinchine, du Siam et du Tonkin qui doivent, à partir des Indes, être acheminés par la voie des câbles doivent, suivant le cas, porter dans le préambule l'indication «Italie, Turquie, Faô, Singapore» «Malte, Singapore» «Djoulfa, Singapore». D'autre part, les stations télégraphiques de Phan-Ti t, Phan-Ry, Phan-Ranh et Cam-Ranh, récemment ouvertes dans l'Annam, étant actuellement desservies par la Cochinchine, c'est la taxe de ce pays qu'il convient d'appliquer jusqu'à nouvel ordre aux télégrammes à destination de ces stations.

PAYS.	MARSEILLE-MALTE ou ITALIE-ZANTE ou Italie-Modica-Suez.	TURQUIE-EL-ARICH-SUEZ (par l'Italie, la Turquie et l'Égypte).	ITALIE-TURQUIE via-Aden (par le câble d'Otrante à Vallona, la Turquie d'Europe, la Turquie d'Asie et les Indes).	TÉLÉGRAMMES SPÉCIAUX.	OBSERVATIONS.
1	2	3	4	5	6
ARABIE. Aden et Périm..............	4f 30c	5f 20c	6f 70c	D pour Aden seulement et par la voie Malte. Art. 48, p. 49. T. G. Art. 49, p. 49. G. R. Art. 50, p. 49. R. P. Art. 53, p. 51. R. O. pour Aden et Périm seulement. Art. 55, p. 51. Poste. Art. 57, p. 6..	
Djedda et la Mecque (par câbles Suez et Souakim). (1)......	4 30	5 05	8 35		

(1) Seule voie utilisable par suite de l'interruption des lignes terrestres entre la Haute-Égypte et Souakim.

PAYS.	TAXES PAR MOT.				TÉLÉGRAMMES SPÉCIAUX.	OBSERVATIONS.
	ITALIE-TURQUIE-FAÔ (*Otrante-Vallona*) ou Suisse-Autriche-Bosnie-(*Gradiska*) Turquie-Faô.	VOIE de Malte. — Malte (*par Marseille*) ou Italie-Otrante-Suez.	VOIE DE RUSSIE. — Calais-Faô ou Allemagne ou Suisse-Autriche ou Italie-Autriche.			
			Djoulfa.	Wladiwostok.		
1	2	3	4	5	6	7
Belouchistan. (1) Pusnee, Ormara, Someanee........	3f 95c	5f 00c	4f 45c	"		
Autres bureaux.................	4 50	5 00	5 00	"		
Birmanie.................	....	....	....	....	T. C. Art. 49, p. 49. C. R. Art. 50, p. 49. R. P. Art. 53, p. 51. Poste. Art. 57, p. 65.	V. Indoustan, p. 60.
	CALAIS (*par câble de Faô-Russie ou Allemagne-Russie*).	SUISSE-AUTRICHE-RUSSIE.	ITALIE-TURQUIE (*câble d'Odessa*).			
Bokhara.............................	2f 25c	2f 35c	2f 95c			

(1) Voir renvoi (1) de la page 62.

PAYS.	VOIE DE MOULMEIN.		VOIE DE TURQUIE-Singapore. — Italie-Turquie-Faô-Singapore (par Otrante-Vallona).	VOIE DE MALTE-Singapore. — Malte (par Marseille,) ou Italie-Otrante-Suez.	VOIE DE RUSSIE.		TÉLÉGRAMMES SPÉCIAUX.	OBSERVATIONS.
	ITALIE-TURQUIE-FAÔ (Otrante-Vallona) ou Suisse-Autriche-Bosnie-(Gradiska) Turquie-Faô.	MALTE (par Marseille) ou Calais-Fanô ou Allemagne ou Suisse.) Djoulfa.			CALAIS-FANÔ ou Allemagne ou Suisse-Autriche ou Italie-Autriche. Djoulfa-Singapore.	Wladiwostok.		
1	2	3	4	5	6	7	8	9
Chine(1) Amoy....................	**8ᶠ 00ᶜ**	8ᶠ 50ᶜ	8ᶠ 25ᶜ	8ᶠ 50ᶜ	8ᶠ 50ᶜ	8ᶠ 50ᶜ		
Anping..................	**9 40**	9 90	9 65	9 90	9 90	9 90		
Biennum (Tuugwbangting)...	**9 80**	10 30	10 05	10 30	10 30	10 30		
Bitchie..................	**10 00**	10 50	10 25	10 50	10 50	10 50		
Canton..................	**8 50**	9 00	8 75	9 00	9 00	9 00		
Changchow..............	**9 20**	9 70	9 45	9 70	9 70	9 70	D (par voie Wladiwostok). Art. 48. p. 49.	
Changli.................	**9 60**	10 10	9 85	10 10	10 10	10 10		
Changwac...............	**9 40**	9 90	9 65	9 90	9 90	9 90	T. C.	
Chauking (Schaoking, Schoking)	**9 00**	9 50	9 25	9 50	9 50	9 50	Art. 49, p. 49.	
Chefoo (Yentai)............	**9 50**	10 00	9 65	10 00	10 00	10 00	C. R. Art. 50, p. 49.	
Chengking(Moukden, Shinging)	**9 60**	10 10	9 85	10 10	10 10	10 10	R. P. Art. 53, p. 51.	
Chentu	**10 00**	10 50	10 25	10 50	10 50	10 50	Poste. Art. 57, p. 65.	
Chichierhba..............	**10 20**	10 70	10 45	10 70	10 70	10 70		
Chinchow...............	**9 60**	10 10	9 85	10 10	10 10	10 10		
Chinchowfoo.............	**9 70**	10 20	9 95	10 20	10 20	10 20		
Chinhai.................	**9 10**	9 60	9 35	9 60	9 60	9 60		
Chining.................	**9 40**	9 90	9 65	9 90	9 90	9 90		
Chinkiang	**9 10**	9 60	9 35	9 60	9 60	9 60		

(1) Les télégrammes pour la Chine peuvent aussi être expédiés de Kiachta (Russie d'Asie, 1ʳᵉ région), soit par la poste, les 5, 12, 19 et 26 de chaque mois soit par estafette.

Les frais de poste à percevoir sur l'expéditeur sont de 2 fr. 20 pour toutes les destinations.

Les frais d'estafette à percevoir sur l'expéditeur d'un télégramme à destination de Pékin ou de Tien-Tsin sont de 392 francs pour un cheval et de 688 francs pour deux chevaux.

Nota. — Une taxe postale complémentaire de 50 centimes par télégramme doit être perçue au départ pour les télégrammes à destination de la Chine qui doivent être transportés au delà d'un bureau télégraphique chinois.

| PAYS. | VOIE DE MOULMEIN. | | VOIE DE TURQUIE-Singapore — Italie-Turquie-Faö-Singapore (par Otrante-Vallona). | VOIE DE MALTE-Singapore — Malte (par Marseille) ou Italie-Otranto-Suez. | VOIE DE RUSSIE. | | TÉLÉGRAMMES SPÉCIAUX. | OBSERVATIONS. |
| | ITALIE-TURQUIE-FAÖ (Otrante-Vallona) ou Suisse-Autriche-Bosnie-(Gradiska) Turquie-Faö. | MALTE (par Marseille) ou Calais-Faö ou Allemagne ou Suisse. / Djoulfa. | | | CALAIS-FAÖ ou Allemagne ou Suisse-Autriche ou Italie-Autriche. Djoulfa-Singapore. | Wladiwostok. | | |
1	2	3	4	5	6	7	8	9
Chinkiangpoo	9f 30c	9f 80c	9f 55c	9f 80c	9f 80c	9f 80c		
Chunking (sur le Yantze-Kiang).	9 80	10 30	10 05	10 30	10 30	10 30		
Danchow (Tchou)	9 40	9 00	9 65	9 90	9 90	9 90		
Fatshan.	9 00	9 50	9 25	9 50	9 50	9 50		
Foochow (1)	8 00	8 50	8 25	8 50	8 50	8 50		
Fumen (Famen).	8 50	9 00	8 75	9 00	9 00	9 00		D (par voie Wladiwostok).
Gutzlaff.	8 00	8 50	8 25	8 50	8 50	8 50		Art. 48, p. 49. T. C.
Hanchow.	9 10	9 60	9 35	9 60	9 60	9 60		Art. 49, p. 49. C. R.
Hanckow (sur le Yantze Kiang).	9 40	9 90	9 65	9 90	9 90	9 90		Art. 50, p. 49. R. P.
Hecto.	9 60	10 10	9 85	10 10	10 10	10 10		Art. 53, p. 51. Poste.
Heilungchiang.	10 20	10 70	10 45	10 70	10 70	10 70		Art. 57, p. 65.
Hoihow (Haikow).	9 60	10 10	9 85	10 10	10 10	10 10		
Hong-Kong	8 00	8 50	8 25	8 50	8 50	8 50		
Hunchun.	10 19	10 60	10 35	10 60	10 60	10 60		
Hwaichow	9 00	9 50	9 25	9 50	9 50	9 50		
Ichang (sur le Yantze Kiang).	9 60	10 10	9 85	10 10	10 10	10 10		
Kaifongfu.	9 50	10 00	9 75	10 0	10 00	10 00		
Kaihoa.	10 30	10 80	10 55	10 8	10 80	10 80		

Row label (left): **Chine(2)** (Suite.)

(1) En cas d'interruption du câble de Foochow, ces taxes doivent être augmentées de 1 fr. 65 par mot.

(2) Les télégrammes pour la Chine peuvent aussi être expédiés de Kiachta (Russie d'Asie, 1re région), soit par la poste, les 5, 12, 19 et 26 de chaque mois, soit par estafette.

Les frais de poste à percevoir sur l'expéditeur sont de 2 fr. 20 pour toutes les destinations.

Les frais d'estafette à percevoir sur l'expéditeur d'un télégramme à destination de Pékin ou de Tien-Tsin sont de 392 francs pour un cheval et de 588 francs pour deux chevaux.

Nota. — Une taxe postale complémentaire de 50 centimes par télégramme doit être perçue au départ pour les télégrammes à destination de la Chine qui doivent être transportés au delà d'un bureau télégraphique chinois.

PAYS.	VOIE DE MOULMEIN.		VOIE DE TURQUIE.	VOIE DE MALTE.	VOIE DE RUSSIE.		TÉLÉGRAMMES SPÉCIAUX.	OBSERVATIONS.
	ITALIE-TURQUIE-FAÔ (Otrante-Vallona) ou Suisse-Autriche-Bosnie-(Gradiska) Turquie-Faô.	MALTE (par Marseille) ou Calais-Fanô ou Allemagne ou Suisse. / Djoulfa.	Singapore — Italie-Turquie-Faô-Singapore (par Otrante-Vallona).	Singapore — Malte (par Marseille) ou Italie-Otrante-Suez.	CALAIS-FANÔ ou Allemagne ou Suisse-Autriche ou Italie-Autriche. / Djoulfa-Singapore.	Wladiwostok.		
1	2	3	4	5	6	7	8	9
Chine (1) (Suite.)								
Kaiping	9f 50c	10f 00c	0f 75c	10f 00c	10f 00c	10f 00c		
Kashing (Chiahsing)	9 10	9 60	9 35	9 60	9 60	9 60		
Kelong	9 20	9 70	9 45	9 70	9 70	9 70		
Kiangying	9 00	9 50	9 25	9 50	9 50	9 50		
Kienning	9 40	9 90	9 65	9 90	9 90	9 90		
Kinchow	9 90	10 30	10 05	10 30	10 30	10 30		
Kirin	9 90	10 40	10 15	10 40	10 40	10 40	D (par voie Wladiwostok). Art. 48, p. 49. T. C. Art. 49, p. 49. C. R. Art. 50, p. 49. R. P. Art. 53, p. 51. Poste. Art. 57, p. 65.	
Kinkiang	9 80	9 80	9 55	9 80	9 80	9 80		
Kungschow (*Haïnan*, île)	9 60	10 10	9 85	10 10	10 10	10 10		
Kweichow	9 70	10 20	9 95	10 20	10 20	10 20		
Lanchou (Lanki)	9 20	9 70	9 45	9 70	9 70	9 70		
Langchow (Lanchow, Luichow)	9 60	10 10	9 85	10 10	10 10	10 10		
Liengchow	9 50	10 00	9 75	10 00	10 00	10 00		
Luchow	9 20	10 40	10 15	10 40	10 40	10 40		
Lungchow	9 30	9 80	9 55	9 80	9 80	9 80		
Lutai	9 50	10 00	9 75	10 00	10 00	10 00		
Macao	8 50	9 00	8 75	9 00	9 00	9 00		
Makong	9 60	10 10	9 65	10 10	10 10	10 10		

(1) Les télégrammes pour la Chine peuvent aussi être expédiés de Kiachta (Russie d'Asie, 1re région), soit par la poste, les 5, 12, 19 et 26 de chaque mois, soit par estafette.

Les frais de poste à percevoir sur l'expéditeur sont de 2 fr. 20 pour toutes les destinations.

Les frais d'estafette à percevoir sur l'expéditeur d'un télégramme à destination de Pékin ou de Tien-Tsin sont de 392 francs pour un cheval et de 588 francs pour deux chevaux.

NOTA. — Une taxe postale complémentaire de 50 centimes par télégramme doit être perçue au départ pour les télégrammes à destination de la Chine qui doivent être transportés au delà d'un bureau télégraphique chinois.

| PAYS. | VOIE DE MOULMEIN. | | VOIE DE TURQUIE- Singapore — Italie-Turquie-Faó- Singapore (par Otrante-Vallona). | VOIE DE MALTE- Singapore — Malte (par Marseille) ou Italie-Otrante-Suez. | VOIE DE RUSSIE. | | TÉLÉGRAMMES SPÉCIAUX. | OBSERVATIONS. |
| | ITALIE-TURQUIE-FAÓ (Otrante-Vallona) ou Suisse-Autriche-Bosnie-(Gradiska) Turquie-Faó. | MALTE (par Marseille) ou Calais-Fanó ou Allemagne ou Suisse. / Djoulfa. | | | CALAIS-FANÓ ou Allemagne ou Suisse-Autriche ou Italie-Autriche. Djoulfa-Singapore. | Wladiwostok. | | |
1	2	3	4	5	6	7	8	9
Chine(1) (Suite.)								
Monsze	**10f 30c**	10f 80c	10f 55c	10f 80c	10f 80c	10f 80c		D (par voie Wladiwostok). Art. 48, p. 49. T. C. Art. 49, p. 49. C. R. Art. 50, p. 49. R. P. Art. 53, p. 51. Poste. Art. 57, p. 65.
Nanhung	**9 50**	10 00	9 75	10 00	10 00	10 00		
Nankin	**9 10**	9 60	9 35	9 60	9 60	9 60		
Nanning	**9 20**	9 70	9 45	9 70	9 70	9 70		
Nanzing (Nanching)	**9 10**	9 60	9 35	9 60	9 60	9 60		
Newchwang (Yokow)	**9 60**	10 10	9 85	10 10	10 10	10 10		
Ningkuta	**10 00**	10 50	10 25	10 50	10 50	10 50		
Ningpo	**9 10**	9 60	9 35	9 60	9 60	9 60		
Onking (Nganking, Anking)	**9 20**	9 70	9 45	9 70	9 70	9 70		
Pagoda-Anchowge	**9 95**	10 45	10 20	10 45	10 45	10 45		
Pakoi	**9 50**	10 00	9 75	10 00	10 00	10 00		
Pautingfoo (Paotingfoo)	**9 60**	10 10	9 85	10 10	10 10	10 10		
Peitang	**9 50**	10 00	9 75	10 00	10 00	10 00		
Peking (Pékin)	**10 00**	10 50	10 25	10 50	10 50	10 50		
Pingchang	**9 40**	9 90	9 65	9 90	9 90	9 90		
Potuna	**10 00**	10 50	10 25	10 50	10 50	10 50		
Port-Arthur (Lushunkon)	**9 80**	10 30	10 05	10 30	10 30	10 30		
Puching	**9 30**	9 80	9 55	9 80	9 80	9 80		

(1) Les télégrammes pour la Chine peuvent aussi être expédiés de Kiachta (Russie d'Asie, 1re région), soit par la poste, les 5, 12, 19 et 26 de chaque mois, soit par estafette.

Les frais de poste à percevoir sur l'expéditeur sont de 2 fr. 10 pour toutes les destinations.

Les frais d'estafette à percevoir sur l'expéditeur d'un télégramme à destination le Pékin ou de Tien-Tsin sont de 392 francs pour 1 cheval et de 588 francs pour deux chevaux.

NOTA. — Une taxe postale complémentaire de 50 centimes par télégramme doit être perçue au départ pour les télégrammes à destination de la Chine qui doivent être transportés au delà d'un bureau télégraphique chinois.

PAYS.	VOIE DE MOULMEIN.		VOIE DE TURQUIE-Singapore — Italie-Turquie-Faô-Singapore (par Otrante-Vallona).	VOIE DE MALTE-Singapore — Malte (par Marseille) ou Italie-Otrante-Suez.	VOIE DE RUSSIE.		TÉLÉGRAMMES SPÉCIAUX.	OBSERVATIONS.
	ITALIE-TURQUIE-FAÔ (Otrante-Vallona) ou Suisse-Autriche-Bosnie-(Gradiska) Turquie-Faô.	MALTE (par Marseille) ou Calais-Fanô ou Allemagne ou Suisse. Djoulfa.			CALAIS-FANÔ ou Allemagne ou Suisse-Autriche ou Italie-Autriche.			
					Djoulfa-Singapore.	Wladiwostok.		
1	2	3	4	5	6	7	8	9
Chine (1) (Suite.) Sadle-Island	**8f 00c**	8f 50c	8f 25c	8f 50c	8f 50c	8f 50c		D (par voie Wladiwostok). Art. 48, p. 49. T. C. Art. 49, p. 49. C. R. Art. 50, p. 49. R. P. Art. 53, p. 51. Poste. Art. 57, p. 65.
Shanghaï	**8 00**	8 50	8 25	8 50	8 50	8 50		
Shanhaichan (Shanhaikwan)	**9 60**	10 10	9 85	10 10	10 10	10 10		
Sanhsing	**10 10**	10 60	10 35	10 60	10 60	10 60		
Sharshe	**9 50**	10 00	9 75	10 00	10 00	10 00		
Shauchow	**9 50**	10 00	9 75	10 00	10 00	10 00		
Shauhinfoo (Shaoushing)	**9 20**	9 70	9 45	9 70	9 70	9 70		
Shiakwan (Hsiakwan)	**9 10**	9 60	9 35	9 60	9 60	9 60		
Siaochan	**9 50**	10 00	9 75	10 00	10 00	10 00		
Singchoi	**9 20**	9 70	9 45	9 70	9 70	9 70		
Soochow	**9 00**	9 50	9 25	9 50	9 50	9 50		
Svatow	**9 10**	9 60	9 35	9 60	9 60	9 60		
Taierchang (Taierchuang)	**9 30**	9 80	9 55	9 80	9 80	9 80		
Taipeifoo	**9 20**	9 70	9 45	9 70	9 70	9 70		
Taiwanfoo et Takow	**9 40**	9 90	9 75	9 90	9 90	9 00		
Taku	**9 50**	10 00	9 65	10 00	10 00	10 00		
Tamchow (Yamchow Zinchow)	**9 10**	9 60	9 35	9 60	9 60	9 60		
Tamar	**9 20**	9 70	9 45	9 70	9 70	9 70		

(1) Les télégrammes pour la Chine peuvent aussi être expédiés de Kiachta (Russie d'Asie, 1re région), soit par la poste, les 5, 12, 19 et 26 de chaque mois, soit par estafette.

Les frais de poste à percevoir sur l'expéditeur sont de 2 fr. 20 pour toutes les destinations

Les frais d'estafette à percevoir sur l'expéditeur d'un télégramme à destination de Pékin ou de Tien-Tsin sont de 392 francs pour 1 cheval et de 588 francs pour deux chevaux.

NOTA. — Une taxe postale complémentaire de 50 centimes par télégramme doit être perçue au départ pour les télégrammes à destination de la Chine qui doivent être transportés au delà d'un bureau télégraphique chinois.

PAYS	VOIE DE MOULMEIN.		VOIE DE TURQUIE	VOIE DE MALTE	VOIE DE RUSSIE.		TÉLÉGRAMMES SPÉCIAUX.	OBSERVATIONS.
	ITALIE-TURQUIE-FAÔ (Otrante-Vallona) ou Suisse-Autriche-Bosnie (Gradiska) Turquie-Faô.	MALTE (par Marseille) ou Calais-Faô ou Allemagne ou Suisse. Djoulfa.	Singapore — Italie-Turquie-Faô-Singapore (par Otrante-Vallona).	Singapore — Malte (par Marseille) ou Italie-Otrante-Suez.	CALAIS-FAÔ ou Allemagne ou Suisse-Autriche ou Italie-Autriche. Djoulfa-Singapore.	Wladiwostok.		
1	2	3	4	5	6	7	8	9
Chine(1) (Suite.) Tatung............	**9f 20c**	9f 70c	9f 45c	9f 70c	9f 70c	9f 70c	D (par voie Wladiwostok). Art. 48, p. 49. T. C. Art. 49, p. 49. C. R. Art. 50, p. 49. R. P. Art. 53, p. 51. Poste. Art. 57, p. 65.	
Tientsin............	**9 50**	10 00	9 75	10 00	10 00	10 00		
Tsinanfoo............	**9 40**	9 90	9 65	9 90	9 90	9 90		
Tsinenchow (Chuenchow)..	**9 20**	9 70	9 45	9 70	9 70	9 70		
Tunghing............	**10 10**	10 60	10 35	10 60	10 60	10 60		
Waihsien............	**9 40**	9 90	9 65	9 90	9 90	9 90		
Whampoa............	**8 50**	9 00	8 75	9 00	9 00	9 00		
Wanhsien............	**9 70**	10 20	9 95	10 20	10 20	10 20		
Wengchow............	**9 10**	9 60	9 35	9 60	9 60	9 60		
Woochow............	**9 00**	9 50	9 25	9 50	9 50	9 50		
Woosung............	**8 50**	9 00	8 75	9 00	9 00	9 00		
Woosung fort............	**8 50**	9 00	8 75	9 00	9 00	9 00		
Wuhu............	**9 20**	9 70	9 45	9 70	9 70	9 70		
Wushi (Woysih)............	**9 00**	9 50	9 25	9 50	9 50	9 50		
Yangchow............	**9 20**	9 70	9 45	9 70	9 70	9 70		

(1) Les télégrammes pour la Chine peuvent aussi être expédiés de Kiachta (Russie d'Asie, 1re région), soit par la poste, les 5, 12, 19, et 26 de chaque mois, soit par estafette.

Les frais de poste à percevoir sur l'expéditeur sont de 2 fr. 20 pour toutes les destinations.

Les frais d'estafette à percevoir sur l'expéditeur d'un télégramme à destination de Pékin ou de Tien-Tsin sont de 392 francs pour un cheval et de 588 francs pour deux chevaux.

NOTA. — Une taxe postale complémentaire de 50 centimes par télégramme doit être perçue au départ pour les télégrammes à destination de la Chine qui doivent être transportés au-delà d'un bureau télégraphique chinois.

PAYS.	VOIE DE MOULMEIN.		VOIE DE TURQUIE-Singapore. Italie-Turquie-Faô. Singapore (par Otrante-Vallona).	VOIE DE MALTE-Singapore. Malte (par Marseille) ou Italie-Otrante-Suez.	VOIE DE RUSSIE. CALAIS-FANÔ ou Allemagne ou Suisse-Autriche ou Italie-Autriche.		TÉLÉGRAMMES SPÉCIAUX.	OBSERVATIONS.
	ITALIE-TURQUIE-FAÔ (Otrante-Vallona) ou Suisse-Autriche-Bosnie-(Gradiska) Turquie-Faô.	MALTE (par Marseille) ou Calais-Fanô ou Allemagne ou Suisse. } Djoulfa.			Djoulfa-Singapore.	Wladiwostok.		
1	2	3	4	5	6	7	8	9
Chine (1) (Suite.) Yenping...............	**9f 40c**	9f 90c	9' 65c	9f 90c	9f 90c	9f 90c		
Yinkiahwei...............	**9 20**	9 70	9 45	9 70	9 70	9 70		
Yungping...............	**9 60**	10 10	9 85	10 10	10 10	10 10		
Yunnam	**10 20**	10 70	10 45	10 70	10 70	10 70		
Cochinchine et Cambodge (*) (2)...	**5 75**	6 25	6 50	6 75	6 75	11 50	D. (par voie Wladiwostok). Art. 48, p. 49. T. C. Art. 49, p. 49. C. R. Art. 50, p. 49. R. P. Art. 53, p. 51. Poste. Art. 57, p. 65.	(*) La Cochinchine n'admet les télégrammes urgents que pour Saïgon et par la voie Wladiwostock, mais accepte les télégrammes R. O. multiples et avec exprès.
Corée (3) Ichow...............	**10 20**	10 70	10 45	10 70	10 70	10 70		
Binchong...............	**10 40**	10 90	10 65	10 90	10 90	10 90		
Séoul ou Han-Yang (4)......	**10 60**	11 10	10 85	11 10	11 10	11 10		
Jenchuan...............	**10 80**	11 30	11 05	11 30	11 30	11 30		
Fusan et Tsushima.........	14 85	15 35	15 10	15 35	15 35	**11 35**		

(**1**) Les télégrammes pour la Chine peuvent aussi être expédiés de Kiachta (Russie d'Asie, 1re région), soit par la poste, les 5, 12, 19 et 26 de chaque mois soit par estafette.

Les frais de poste à percevoir sur l'expéditeur sont de 2 fr. 20 pour toutes les destinations.

Les frais d'estafette à percevoir sur l'expéditeur d'un télégramme à destination de Pékin ou Tien-Tsin sont de 392 francs pour un cheval et de 588 francs pour deux chevaux.

Nota. — Une taxe postale complémentaire de 50 centimes par télégramme doit être perçue au départ pour les télégrammes à destination de la Chine qui doivent être transportés au delà d'un bureau télégraphique chinois.

(**2**) Voir le renvoi (1) de la page 50 relatif à l'indication de la voie.

(**3**) Un service d'exprès a été établi en Corée pour le transport des télégrammes entre Fusan, d'une part, et, d'autre part, le port de Gincery et Kyong, capitale de la Corée. Le prix de ce transport est fixé à 30 francs par télégramme.

(**4**) Une ligne télégraphique a été établie entre Fusan et Seoul ; les télégrammes destinés à emprunter cette ligne devront porter la mention «voie Fusan» et acquitter une taxe de 1 franc par mot en sus de la taxe indiquée pour Fusan.

PAYS.	ITALIE-TURQUIE-FAO (Otrante-Vallona) ou Suisse-Autriche-Bosnie-(Gradiska) Turquie-Fao.	VOIE de Malte. Malte (par Marseille) ou Italie-Otrante-Suez.	VOIE DE RUSSIE. Calais-Fanó ou Allemagne ou Suisse-Autriche ou Italie-Autriche. Djoulfa.	VOIE DE RUSSIE. Calais-Fanó ou Allemagne ou Suisse-Autriche ou Italie-Autriche. Wladiwostok.	TÉLÉGRAMMES SPÉCIAUX.	OBSERVATIONS.
1	2	3	4	5	6	7
Indo-Chine — Penang	6ᶠ 50ᶜ	6ᶠ 75ᶜ	6ᶠ 75ᶜ	13ᶠ 00ᶜ		•
Perak (1)	6 70	6 95	6 95	13 20		
Malacca — Malacca	7 25	7 50	7 50	12 50	T. C. Art. 49, p. 49. C. R. Art. 50, p. 49. R. P. Art. 53, p. 51. Poste. Art. 57, p. 65.	
Penkallau-Kempas	7 40	7 65	7 65	12 65		
Seramban	7 50	7 75	7 75	12 75		
Rajang	7 65	7 90	7 90	12 90		
Kwala-Lumpor	7 75	8 00	8 00	13 00		
Klang	7 85	8 10	8 10	13 10		
Singapore (2)	7 50	7 75	7 75	12 00		
Indoustan — Bureaux des Indes	4 50	5 00	5 00	″	T. C. Art. 49, p. 49. C. R. Art. 50, p. 49. R. P. Art. 53, p. 51. Multiple. Art. 54, p. 57. Poste. Art. 57, p. 65.	
Bureaux de la Birmanie et de Ceylan	4 75	5 25	5 25	″		

(1) Les bureaux actuellement ouverts dans cet État sont : Batu-Gajah, Haipeng, Kovalla-Kangsa, Parit-Buntar, Port-Weld, Tapa et Teluk-Anson.

(2) En temps normal, les télégrammes pour Singapore, dirigés par la voie de Turquie-Faó, de Malte ou de Russie-Djoulfa, peuvent, à partir des Indes, être acheminés par la voie de Moulmein en augmentant de 35 centimes par mot la taxe respectivement indiquée au tarif pour chacune de ces voies. La mention de la voie Moulmein est, dans ce cas, nécessaire. En cas d'interruption des câbles de Madras-Penang, de Rangoon-Penang, de Penang-Singapore, cette voie doit être employée sans augmentation de taxe.

| PAYS. | CALAIS-WLADIWOSTOK (par le câble de Fanö) ou Allemagne-Russie-Wladiwostok ou Autriche-Russie-Wladiwostok (par la Suisse ou l'Italie). | ITALIE-TURQUIE-FAÓ (Otrante-Vallona) ou Suisse-Autriche-Bosnie- (Gradiska) Turquie-Faö. | | MALTE-SUEZ (par Marseille) ou Italie-Zante-Suez (par Otrante) ou Italie-Modica-Suez (par Malte). | CALAIS-DJOULFA (par le câble de Fanö) ou Allemagne-Russie-Djoulfa ou Autriche-Russie-Djoulfa (par la Suisse ou l'Italie). | TÉLÉGRAMMES SPÉCIAUX. | OBSERVATIONS. |
| | | Moulmein. | Singapore. | | | | |
1	2	3	4	5	6	7	8
Japon..............	9ᶠ 35ᶜ	12ᶠ 85ᶜ	13ᶠ 10ᶜ	13ᶠ 35ᶜ	13ᶠ 35ᶜ	Urgent D par la voie Wladiwostock. Art. 48, p. 48. T. C. Art. 49, p. 49. C. R. Art. 50, p. 49. R. P. Art. 53, p. 51. Multiple. Art. 54, p. 57. R. O. Art. 55, p. 59. Poste. Art. 57, p. 65.	
Mascate (1)..........	....	....	....	....	....	....	Voir golfe Persique, note (1), page 62.

(1) L'adresse des télégrammes pour Mascate doit porter la mention taxée : «Mascate exprès payé Jask» et les frais de transport à percevoir sur l'expéditeur sont de 90 francs.

La taxe télégraphique à percevoir est celle du golfe Persique **«autres bureaux»**, soit 3 fr. 95 par mot. (page 62.)

PAYS.	CALAIS-RUSSIE-DJOULFA ou ALLEMAGNE-RUSSIE-DJOULFA ou ITALIE-TURQUIE (voie Hanekin.)	SUISSE-RUSSIE-DJOULFA (par l'Autriche).	ITALIE-RUSSIE-DJOULFA (par l'Autriche).	TURQUIE-ROUMANIE-RUSSIE-DJOULFA (par l'Italie et Vallona).	TURQUIE-BATOUM (par l'Italie et la Russie).	TURQUIE-FAÔ (par l'Italie et le golfe Persique).	TÉLÉGRAMMES SPÉCIAUX.	OBSERVATIONS.
1	2	3	4	5	6	7	8	9
Perse....................	1ᶠ 75ᶜ	1ᶠ 85ᶜ	2ᶠ 00ᶜ	2ᶠ 15ᶜ	2ᶠ 35ᶜ	2ᶠ 50ᶜ	T. C. Art. 49, p. 49. C. R. Art. 50. p. 49. R. P. Art. 53, p. 51. Multiple. Art. 54, p. 57. Poste. Art. 57, p. 65.	
	ITALIE-TURQUIE-FAÔ (Otrante-Vallona) ou Suisse-Autriche-Bosnie-(Gradiska) Turquie-Faô.	VOIE DE RUSSIE. Calais-Faô ou Allemagne, ou Suisse-Autriche, ou Italie-Autriche. Djoulfa.						
Golfe Persique (1).								
Bushire.................	2ᶠ 50ᶜ	3ᶠ 00ᶜ					T. C. Art. 49, p. 49. C. R. Art. 50, p. 49. R. P. Art. 53, p. 51. Poste. Art. 57, p. 65.	
Autres bureaux...........	3ᶠ 95ᶜ	4 45						

(1) L'Office indo-européen du Gouvernement britannique transporte, à partir de *Jask* (Bélouchistan) :

1° Les télégrammes à destination de *Bunder-Abbas*, *Lingah* et *Bassidore*, moyennant une taxe fixe d'exprès de *40 francs* pour *Bunder-Abbas* et de *60 francs* pour *Lingah* et *Bassidore*

2° Les télégrammes à destination de *Mascate*, moyennant une taxe fixe d'exprès de *90* francs. L'adresse de ces télégrammes devra porter la mention «*Exprès payé Jask*».

PAYS.	CALAIS (par le câble de Fanö) ou l'Allemagne.	AUTRICHE (par la Suisse).	ITALIE-AUTRICHE	ITALIE-TURQUIE (par la Bulgarie et la Roumanie).	TURQUIE-ODESSA (par l'Italie et la Turquie d'Europe).	TÉLÉGRAMMES SPÉCIAUX.	OBSERVATIONS.
1	2	3	4	5	6	7	8
Russie d'Asie (1).							
1ʳᵉ région...................	**1ᶠ 95ᶜ**	2ᶠ 05ᶜ	2ᶠ 20ᶜ	2ᶠ 35ᶜ	2ᶠ 65ᶜ	D. Sauf par la voie de Bulgarie. Art. 48, p. 49. T. C. Art. 49, p. 49. C. R. Art. 50, p. 49. R. P. Art. 53, p. 51. Multiple. Art. 54, p. 57. Poste. Art. 57, p. 65. Exprès. Art. 56, p. 61.	
2ᵉ région....................	**3 10**	3 15	3 30	3 50	3 80		

(1) La nomenclature internationale des bureaux télégraphiques indique la région dans laquelle est situé chaque bureau.

| PAYS. | VOIE DE MOULMEIN. | | VOIE de, TURQUIE-SINGAPORE. — Italie-Turquie-Faô-Singapore (par Otrante-Vallona.) | VOIE de MALTE-SINGAPORE. — Malte (par Marseille.) ou Italie-OtranteSuez.- | VOIE DE RUSSIE. CALAIS-FANÔ ou Allemagne ou Suisse-Autriche ou Italie-Autriche. | | TÉLÉGRAMMES spéciaux. | OBSERVATIONS. |
	ITALIE-TURQUIE-FAÔ (Otrante-Vallona) ou Suisse-Autriche-Bosnie-(Gradiska) Turquie-Faô.	MALTE (par Marseille) ou Calais-Fanô ou Allemagne ou Suisse. } Djoulfa.			Djoulfa-Singapore.	Wladiwostok		
1	2	3	4	5	6	7	8	9
Siam (1)............	5f 25c	5f 75c	7f 10c	7f 35c	7f 35c	12f 10c	T. C. Art. 49, p. 49. C. R. Art. 50, p. 49. R. P. Art. 53, p. 51. Poste. Art. 57, p. 65. Exprès. Art. 56, p. 61.	
Tonkin (1).............	7 15	7 65	7 90	8 15	8 15	9 75		

(1) Voir le renvoi (1) de la page 50 relatif à l'indication de la voie.

PAYS.	VOIE MALTE-ALEXANDRIE-EL-ARICH. (Turquie d'Asie.) (Par Marseille ou Italie.)	VOIE MALTE-ALEXANDRIE-CANDIE-RHODES. (Turquie d'Asie.) (Par Marseille ou Italie.)	VOIE MALTE-ALEXANDRIE-LATTAQUIÉ. (Turquie d'Asie.) (Par Marseille ou Italie.)	VOIE MALTE-ALEXANDRIE-CANDIE-GRÈCE. (Turquie d'Europe.) (Par Marseille ou Italie.)	VOIE CALAIS ou ALLEMAGNE-RUSSIE-DJOULFA-HANÉKIN. (Perse.)	TÉLÉGRAMMES SPÉCIAUX.	OBSERVATIONS.
1	2	3	4	5	6	7	8
Turquie d'Asie (1)	2ᶠ 70ᶜ	2ᶠ 70ᶜ	3ᶠ 35ᶜ	3ᶠ 65ᶜ	2ᶠ 90ᶜ	D: Art. 48 , p. 49. T. C. Art. 49, p. 49. C. R. Art. 50, p. 49. R. P. Art. 53, p. 51. Multiple. Art. 54, p. 57. Poste. Art. 57, p. 65.	
Archipel turc (1). Samos, Tenedos, Metelin, Rhodes.	2 95	2 95	3 60	3 65	3 15		
Chio, Candie, et Chypre.	2 95	//	3 60	3 65	3 15		
Turquie d'Europe (1)	2 95	2 95	3 60	3 15	3 15	D. Art. 48 , p. 49. T. C. Art. 49, p. 49. C. R. Art. 50, p. 49. R. P. Art. 53, p. 51. Poste. Art. 57, p. 65. Multiple, Art. 54, p. 57.	
	MARSEILLE-MALTE ou MODICA-MALTE-ALEXANDRIE.						
Ile de Chypre (1)	1ᶠ 70ᶜ						
Ile de Rhodes (1)	1 85						
Iles de Candie et Chio (1)	1 95						

(1) Ces taxes ne doivent être appliquées que sur la demande de l'expéditeur. Les taxes normales figurent à la page 29 du Régime européen.

VI

OCÉANIE.

PAYS.	VOIE ITALIE-TURQUIE (Otrante-Vallona) ou Suisse-Autriche Bosnie (Gradiska) Turquie-Faô.	VOIE DE MALTE. Malte (par Marseille) ou Italie-Otrante-Suez.	VOIE DE RUSSIE. Calais-Fanô ou Allemagne ou Suisse-Autriche ou Italie-Autriche. Djoulfa.	Wladiwostok.	TÉLÉGRAMMES SPÉCIAUX.	OBSERVATIONS.
1	2	3	4	5	6	7
Australie.. (3) Port-Darwin, Australie-Méridionale.........	**11ᶠ05ᶜ**	11ᶠ30ᶜ	11ᶠ30ᶜ	15ᶠ55ᶜ	T. C. — Art. 49, p. 49.	
Australie-Occidentale et Victoria............	**11 15**	11 40	11 40	15 65	C. R. —— 5o, — 49.	
Nouvelle-Galles du Sud..	**11 35**	11 60	11 60	15 85	R. P. —— 53, — 51. Multiple. —— 54, — 57.	
Queensland............	**11 65**	11 90	11 90	16 15		
Tasmanie.............	**11 85**	12 10	12 10	16 35	Poste. —— 57, — 65.	
Indes-Néerlandaises. (3) Java, Sumatra, Bœleleng, (île de Bali) et Macassar (île de Célèbes)...	**8 00**	8 25	8 25	13 00	D. (par la voie Malte). —— 48, — 49. T. C. —— 49, — 49. C. R. —— 5o, — 49. R. P. —— 53, — 51. Exprès. —— 56, — 61. Poste. —— 57, — 65. Multiple. —— 54, — 57. R. O. —— 55, — 59.	
Ile de Luçon. Manille..............	**10 50**	10 75	10 75	10 75	T. C. —— 49. — 49. C. R. —— 5o, — 49. R. P. —— 53, — 51. Poste. —— 57, — 65.	
Nouvelle-Calédonie (1)...........	"	"	"	"		
Nouvelles-Hébrides (1)...........	"	"	"	"		
Nouvelle-Zélande (3).............	**12 60**	12 85	12 85	17 10	T. C. —— 49. — 49. C. R. —— 5o, — 49. Multiple. —— 54, — 57. Poste. .... 57, — 65.	
Taïti (2)...................	"	"	"	"		

(1) Les télégrammes sont transmis par poste de **Sydney** (*Nouvelle-Galles du Sud*). Ajouter 2 francs par télégramme pour transport postal, avec mention taxée «*Poste Sydney*».

(2) La taxe est celle de la Californie (*États-Unis*), à laquelle il faut ajouter 1 fr. 25 par télégramme pour transport postal, à partir de San Francisco, avec mention taxée «*Poste San-Francisco*».

(3) En temps normal, les télégrammes pour l'Australie, Java ou Sumatra, la Nouvelle-Zélande, dirigés par la voie de Turquie-Faô, de Malte ou de Russie-Djoulfa, peuvent, à partir des Indes, être acheminés par la voie de Moulmein en augmentant de 2 fr. 86 pour l'Australie méridionale et de 2 fr. 75 pour l'Australie occidentale et Victoria, la Nouvelle-Galles du Sud, le Queensland, la Tasmanie et la Nouvelle-Zélande, et de 1 fr. 60 pour Java et Sumatra la taxe respectivement indiquée au tarif pour chacune de ces voies et chacun de ces pays. La mention de la voie Moulmein est dans ce cas nécessaire.

En cas d'interruption des câbles de Madras-Penang, de Rangoon-Penang ou de Penang-Singapore, cette voie doit être utilisée sans augmentation de taxe.

LISTE GÉNÉRALE

DES CÂBLES SOUS-MARINS EXPLOITÉS PAR DES COMPAGNIES PRIVÉES.

COMPAGNIES.	NOMBRE des CÂBLES.	LONGUEURS (EN MILLES NAUTIQUES) (4)	
		des câbles.	du développement des fils conducteurs.
I. Submarine telegraph company (1)	10	803.69	3,728.64
II. Vereinigte deutsche telegraphen-gesellschaft (1)	2	1,119.00	1,794.00
III. Hamburg-Helgolander telegraphen gesellschaft (1)	2	40.80	40.80
IV. Direct spanish telegraph company (1)	2	699.13	699.13
V. Spanish national submarine telegraph (1)	5	1,172.51	1,172.51
VI. India rubber, gutta-percha, and telegraph works company (1)	2	122.149	122.149
VII. West african telegraph company (1)	11	2,825.72	2,825.72
VIII. Black-Sea telegraph company (1)	1	351.00	351.00
IX. Indo-European telegraph company (2)	2	14.05	50.00
X. Great-Northern telegraph company (3)	20	6,108.00	6,334.00
XI. Eastern telegraph company (1)	53	18,838.307	18,844.307
XII. Eastern and south-african telegraph company (2)	5	4,554.00	4,554.00
XIII. Eastern extension Australasia and China telegraph company (2)	21	12,035.00	12,035.00
XIV. Anglo-American telegraph company (2)	15	10,437.56	11,035.70
XV. Direct united states cable company (2)	2	2,983.00	2,983.00
XVI. Compagnie française du télégraphe de Paris à New-York (1)	4	3,409.34	3,409.34
XVII. Wester union telegraph company (2)	4	5,537.00	5,537.00
XVIII. Commercial cable company (1)	6	6,937.61	6,937.61
XIX. Brazilian submarine telegraph company (1)	6	7,326.00	7,326.00
XX. African direct telegraph company (1)	7	2,739.00	2,739.00
XXI. Cuba submarine telegraph company (2)	3	940.00	940.00
XXII. West india and Panama telegraph company (1)	20	4,119.00	4,119.00
XXIII. Western and brazilian telegraph company (2)	9	3,801.00	3,801.00
XXIV. River plate telegraph company (1)	1	32.00	64.00
XXV. Mexican telegraph company (2)	2	709.00	709.00
XXVI. Central and south-american telegraph company (2)	9	3,178.11	3,178.11
XXVII. West coast of America telegraph company (2)	7	1,698.72	1,698.72
XXVIII. Société française des télégraphes sous-marins (2)			
TOTAUX	231	102,531.146	107,028.736

(1) La Compagnie a adhéré à la convention télégraphique internationale.
(2) La Compagnie n'a pas adhéré à la convention télégraphique internationale.
(3) La Compagnie a adhéré à la convention télégraphique internationale seulement pour son réseau européen.
(4) Le mille nautique vaut 1,852 mètres.

LISTE DÉTAILLÉE

des câbles sous-marins exploités par des compagnies privées.

I. — Submarine telegraph company.

1° *Câbles anglo-français.*

1° De Calais (France) à Dover (Angleterre).
2° De Boulogne (France) à Folkestone (Angleterre).
3° De Dieppe (France) à Beachy-Head (Angleterre).
4° Du Havre (France) à Beachy-Head (Angleterre).
5° De Piron, près Coutances (France), à Vieux-Château, près Saint-Hélier (Jersey îles-de-la-Manche).

2° *Câbles anglo-belges.*

1° Middelkerke, près Ostende (Belgique), à Ramsgate (Angleterre).
2° De la Panne, près Furnes (Belgique), à Dover (Angleterre).

3° *Câbles anglo-néerlandais.*

1° De Zandwort (Pay-Bas) à Lowestoft (Angleterre).
2° *Idem.*   *Idem.*

4° *Câble anglo-allemand.*

De Norderneay (Allemagne) à Lowestoft (Angleterre).

II. — Vereinigte deutsche telegraphen-gesellschaft.

1° De Greetsiel, près Emden (Allemagne), à Lowestoft (Angleterre), comprenant les sections :
    I. De Greetsiel à l'île Borkum.
    II. De Borkum à Lowestoft.
2° De Greetsiel, près Emden (Allemagne), à Valentia (Irlande).

III. — Hamburg-helgolander telegraphen-gesellschaft.

1° De Cuxhaven à Neuwerk (île de Neuwerk).
2° De Neuwerk (île de Neuwerk, Allemagne) à Héligoland.

IV. — Direct spanish telegraph company.

1° De Lizard-Point (Angleterre) à les Arenas, près Bilbao (Espagne).
2° De Barcelone (Espagne) à Marseille (France).

V. — Spanish national submarine telegraph company.

1° De Cadix (Espagne) à Santa-Cruz de Ténérife.

2° De Téjita (Ténérife) à Saint-Louis du Sénégal.
3° De Santa-Cruz de Ténérife à Las Palmas de Gran Canaria.
4° De Las Palmas de Gran Canaria à Areccife de Lanzarote.
5° De Garachico de Ténérife à Santa-Cruz de la Palma.

VI. — **India rubber, gutta-percha and telegraph works company.**

1° De Santa-Cruz de Ténérife à Téjita de Ténérife.
2° De Saint-Louis (Sénégal) à Dakar (Sénégal).

VII. — **West african telegraph company.**

1° De Dakar (Sénégal) à Bathurst (possession britannique de la côte occidentale d'Afrique).
2° De Bathurst à Bolama (possession portugaise).
3° De Bolama à Bissao.   *Idem.*
4° De Bolama à Konakry (possession française).
5° De Konakry à Sierra-Léone (possession anglaise).
6° De Grand-Bassam (possession française) à Accra (possession anglaise).
7° De Accra à Kotonou (Porto Novo) possession française.
8° De Kotonou à San Thomé (possession portugaise).
9° De San Thomé au Gabon (Libreville, possession française).
10° De San Thomé à l'île Principe (possession portugaise).
11° De San Thomé à Saint-Paul-de-Loanda.   *Idem.*

VIII. — **Black sea telegraph company.**

D'Odessa (Russie) à Kilia, près Constantinople (Turquie).

IX. — **Indo-european telegraph company.**

1° De Kertsch (Crimée) à Taman (Russie du Caucase).
2° A travers le détroit de Kertsch.

X. — **Det store nordiske telegraf selskab. (Great northen telegraph company.)**

1° *Câbles d'Europe.*

1° De Peterhead (Écosse) à Ekersund (Norvège).
2° De Newbiggin (Angleterre) à Marstrand (Suède) comprenant les sections :
    I. De Newbiggin (Angleterre) à Arendal (Norvège).
    II. D'Arendal (Norvège) à Marstrand (Suède).
3° De Newbiggin (Angleterre) à Hirtshals (Danemark).
4° De Newbiggin (Angleterre) à Sondervig (Danemark).
5° D'Oye, près Calais (France) à Fanö (Danemark).
6° De Hirtshals (Danemark) à Arendal (Norvège).
7° De Skagen (Danemark) à Marstrand (Suède).
8° De Moën (Danemark) à l'île de Bornholm (Danemark).
9° De l'île de Bornholm (Danemark) à Libau (Russie).

10° De Grisslehamn (Suède) à Nystad (Russie).
11° *Idem.*   *Idem.*
12° De Grisslehamn (Suède) à l'île d'Aaland (Russie).
13° De l'île d'Aaland (Russie) à Nystad (Russie).

2° *Câbles d'Asie.*

1° De Hongkong (Chine) à Amoy (Chine).
2° D'Amoy (Chine) à Woosung, près Shanghaï (Chine), comprenant les sections :
    I. D'Amoy à Gutzlaff (Chine).
    II. De Gutzlaff à Woosung.
3° De Gutzlaff à Nagasaki (Japon).
4° De Woosung, près Shanghaï (Chine), à Nagasaki (Japon), comprenant les sections :
    I. De Woosung à Gutzlaff.
    II. De Gutzlaff à Nagasaki.
5° De Nagasaki (Japon) à Wladiwostock (Russie d'Asie).
6° *Idem.*   *Idem.*
7° De l'île de Tsu-shima (Japon) à la Corée.

XI. — **Eastern telegraph company.**

1° *Réseau anglo-hispano-portugais.*

1° De Porthcurno, près Falmouth (Angleterre), à Carcavellos, près Lisbonne (Portugal).
2° De Porthcurno à Vigo (Espagne).
3° De Vigo à Caminha (Portugal).
4° De Vigo à Carcavellos, près Lisbonne (Portugal).
5° De Carcavellos à Gibraltar.
6° De Villa-Real de San-Antonio (Portugal) à Gibraltar.
7° Câble de Belem (Portugal).
8°   *Idem.*

2° *Réseau occidental de Malte.*

1° De Gibraltar à Tanger.
2° De Gibraltar à Malte.
3° De Marseille (France) à Bône (Algérie).
4°   *Idem.*
5° De Bône à Malte.
6°   *Idem.*
7° De Malte à Tripoli (Afrique).
8° De la Valette (Malte) à Algagrande, près Modica (Sicile).
9° De la Valette (Malte) à Pozzallo, près Modica (Sicile).
    De Torre Cannelle, près Orbetello (Italie), à Marinella Vecchia (île de Sardaigne).
    De Cannitello (Calabre) à Ganzirri (île de Sicile).
    De Pezzolo, près Bagnara (Calabre), à Torre-di-Faro (île de Sicile).
        Idem.
        Idem.

3° *Réseau italo-grec.*

1° D'Otrante (Italie) à Zante (île de Zante, Grèce).
2° De Torre del Orso, près d'Otrante, à la baie de Sidari (Corfou).

4° *Réseau austro-grec.*

De Trieste (Autriche) à Corfou (île de Corfou).

5° *Réseau grec.*

1° De l'île de Zante à Katacolo (Morée).
2° De Kalamaki (Morée) au Pirée (Attique).
3° De Corinthe (Morée) à Patras (Morée).
4° De Patras (Morée) à l'île de Zante.
5° De l'île de Zante à l'île de Corfou.
6° De l'île de Syra au Pirée (Attique).

6° *Réseau turco-grec.*

1° De Zante à la Canée (île de Candie).
2° De Syra à Candie (île de Candie).
3° De Syra à Chio (île de Chio).
4°   *Idem.*

7° *Réseau turc.*

1° De la Canée à Retymo (île de Candie).
2° De Retymo à Candie (île de Candie).
3° De Candie à Sitia (île de Candie).
4° De Sitia à Rhodes (île de Rhodes), comprenant les sections :
     I. De Sitia à Scarpanto (île de Scarpanto).
     II. De Scarpanto à Rhodes.
5° De Chio à Tchesmé (Turquie d'Asie).
6° De Chio à Tenedos.
7° De Tenedos à Lemnos.
8° De Lemnos à Salonique.
9° De Tenedos à Chanac (Anatolie).
10° De Chanac à Kartal (Bosphore).
11° De Rumilie Hissar à Anatolie Hissar (Bosphore).

8° *Réseau égypto-européen.*

1° De Malte à Alexandrie (Égypte).
2°   *Idem.*
3° De Sitia (île de Candie) à Alexandrie.
4° De Larnaca (île de Chypre) à Alexandrie.

9° *Réseau égyptien.*

D'Alexandrie à Port-Saïd.

10° Réseau égypto-indien.

1.° De Suez (Égypte) à Souakim (Haute-Égypte).
2° De Souakim à Perim (île de Perim).
3° De Perim à Aden (Arabie).
4° De Suez (Égypte) à Aden (Arabie).
5°   *Idem.*
6° D'Aden à Bombay (Indes britanniques).
7°   *Idem.*

XII. — **Eastern and south african telegraph company.**

1° D'Aden (Arabie) à Zanzibar.
2° De Zanzibar à Mozambique.
3°   *Idem.*
4° De Mozambique à Laurenço Marques (baie de Delagoa).
5° De Laurenço Marques à Durban (Natal).

XIII. — **Eastern extension Australia and China telegraph company.**

1° De Madras (Indes britanniques) à Penang (île de Penang).
2° De Rangoon (Indes britanniques) à Penang (île de Penang).
3° De Penang à Malacca.
4° De Malacca à Singapore.
5° De Penang à Singapore.
6° De Singapore à Saïgon (Cochinchine).
7° De Saïgon à Thuan-An (Hué).
8° De Thuan-An (Hué) à Haïphong (Tonkin).
9° De Haïphong (Tonkin) à Hongkong.
10° De Saïgon à Hongkong (Chine).
11° De Hongkong à Macao.
12° De Hongkong à cap Bolinao (île de Luçon).
13° De Singapore à Batavia (île de Java).
14° De Singapore à Banjoevangie (île de Java).
15° De Banjoevangie à Port-Darwin (Australie).
16°   *Idem.*
17° De Flinders, près Melbourne (Victoria), à Low-Heads (Tasmanie).
18°   *Idem.*
19° De Botany-Bay, près Sydney (Nouvelle-Galles-du-Sud), à Blind-Bay, près Nelson (Nouvelle-Zélande).
20° De Hongkong à Foochow.
21° De Foochow à Shanghaï.

XIV. — **Anglo-american telegraph company.**

1° Réseau transatlantique.

1° De Valentia (Irlande) à Hearts-Content (Terre-Neuve).
2°   *Idem.*
3°   *Idem.*
4° Du Minou, près Brest (France), à Saint-Pierre (îles Saint-Pierre et Miquelon).

2° *Réseau de communication en Europe.*

De Salcombe (Angleterre) à Brignogan (France).

3° *Réseau de communication sur les côtes américaines.*

1° De Hearts-Content à Placentia (Terre-Neuve).
2° *Idem.*
3° De Nouveau-Brunswick à l'île du Prince-Édouard.
4° De Placentia à Saint-Pierre (îles Saint-Pierre et Miquelon).
5° *Idem.*
6° De Saint-Pierre à Sydney (cap Breton).
7° *Idem.*
8° De Placentia à Sydney.
9° *Idem.*
10° De Saint-Pierre à Duxbury, près Boston (Massachusetts) [États-Unis].

XV. — **Direct United States cable company.**

1° De Ballinskellig's-Bay (Irlande) à Tor-Bay (Nouvelle-Écosse).
2° De Tor-Bay à Rye-Beach (New-Hampshire) [États-Unis].

XVI. — **Compagnie française du télégraphe de Paris à New-York.**

1° De Brest (France) à Saint-Pierre (îles Saint-Pierre et Miquelon).
2° De Saint-Pierre à Cap-Cod (Massachusetts) [États-Unis].
3° De Saint-Pierre à Louisbourg (Nouvelle-Écosse).
4° De Déolin, près Brest (France), à Porcella-Cove (Cornouailles) [Angleterre].

XVII. — **Western union telegraph company.**

1° *Réseau transatlantique.*

1° De Sennen-Cove, près Penzance (Angleterre), à Dover-Bay, près Canso (Nouvelle-Écosse), dit *câble du nord.*

2° De Sennen-Cove, près Penzance (Angleterre), à Dover-Bay, près Canso (Nouvelle-Écosse), dit *câble du sud.*

2° *Réseau du golfe du Mexique.*

1° De Punta-Rassa (Floride) à la Havane (île de Cuba), comprenant les sections :
    I. De Punta-Rassa à Key-West.
    II. De Key-West à la Havane.

2° De Punta-Rassa (Floride) à la Havane (île de Cuba), comprenant les sections :
    I. De Punta-Rassa à Key-West.
    II. De Key-West à la Havane.

XVIII. — The commercial cable company.

1° *Réseau transatlantique.*

1° De Waterville (Irlande) à New-York.
2°   *Idem.*

2° *Réseau de communication en Europe.*

1° Du Havre à Waterville (Irlande).
2° De Waterville à Weston-Super-Mare, près Bristol (Angleterre).

3° *Réseau de communication sur les côtes américaines.*

1° De Canso (Nouvelle-Écosse) à New-York.
2° De Canso à Rockport, près Boston.

XIX. — Brazilian submarine telegraph company.

1° De Carcavellos, près Lisbonne (Portugal), à Madère.
2°   *Idem.*
3° De Madère à Saint-Vincent (îles du cap Vert).
4°   *Idem.*
5° De Saint-Vincent à Pernambuco (Brésil).
6°   *Idem.*

XX. — African direct telegraph company.

1° De Saint-Vincent à San-Thiago (îles du cap Vert).
2° De San-Thiago à Bathurst (possession britannique de la côte occidentale d'Afrique)
3° De Bathurst à Sierra-Leone.
4° De Sierra-Leone à Accra.
5° D'Accra à Lagos.
6° De Lagos à Brass.
7° De Brass à Bonny.

XXI. — Cuba submarine telegraph company.

1° De Batabano (île de Cuba) à Cienfuegos (île de Cuba).
2° De Cienfuegos à Santiago (île de Cuba).
3°   *Idem.*

XXII. — West India and Panama telegraph company.

1° De Santiago de Cuba à Holland-Bay (Jamaïque).
2°   *Idem.*
3° De Kingston (Jamaïque) à Colon (isthme de Panama).

4° De Holland-Bay à San-Juan (Porto-Rico).
5° De San-Juan à Saint-Thomas (île de Saint-Thomas).
6° De Holland-Bay à Ponce (Porto-Rico).
7° De Ponce à Sainte-Croix.
8° De Sainte-Croix à Saint-Thomas.
9° De Saint-Thomas à Saint-Kitt's.
10° De Saint-Kitt's à Antigua.
11° D'Antigua à Basse-Terre (Guadeloupe).
12° De Basse-Terre à la Dominique.
13° De la Dominique à la Martinique.
14° De la Martinique à Sainte-Lucie.
15° De Sainte-Lucie à Saint-Vincent.
16°. De Saint-Vincent à la Barbade.
17° De Saint-Vincent à Grenada.
18° De Grenada à la Trinidad.
19° De Sainte-Croix à Port-of-Spain (Trinidad).
20° De la Trinidad à Demerara (Guyane anglaise).

XXIII. — **Western and Brazilian telegraph company.**

1° De Para (Brésil) à Maranham (Brésil).
2° De Maranham à Ceara (Brésil).
3° De Ceara à Pernambuco (Brésil).
4° De Pernambuco à Bahia.
5° De Bahia à Rio-de-Janeiro (Brésil).
6° De Rio-de-Janeiro à Santos.
7° De Santos à Santa-Catarina (Brésil).
8° De Santa-Catarina à Rio-Grande-do-Sul (Brésil).
9° De Rio-Grande-do-Sul à Montevideo (Uruguay), comprenant les sections :

    I. De Rio-Grande-do-Sul à Chuy (Brésil).

    II. De Chuy à Maldonado (Uruguay).

    III. De Maldonado à Montevideo (Uruguay).

XXIV. — **River-Plate telegraph company.**

De Montevideo à Buenos-Ayres (République Argentine).

XXV. — **Mexican telegraph company.**

1° De Galveston (Texas) [États-Unis] à Tampico (Mexique).
2° De Tampico à Vera-Cruz (Mexique).

XXVI. — Central and south american telegraph company.

1° Réseau de l'Atlantique.

De Vera-Cruz (Mexique) à Goatzacoalcos (Mexique).

2° Réseau du Pacifique.

1° De Salina-Cruz (Mexique) à la Libertad (Salvadr).
2° De la Libertad à San-Juan-del-Sur (Nicaragua).
3° De San-Juan-del-Sur à l'île San-Pedro-Gonzalez (archipel des îles des Perles).
4° De l'île San-Pedro-Gonzalez à Panama (isthme de Panama).
5° De l'île San-Pedro-Gonzalez à Buenaventura (Colombie).
6° De Buenaventura à Santa-Elena (Équateur).
7° De Santa-Elena à Payta (Pérou).
8° De Payta à Chorillos, près Callao-Lima (Pérou).

XXVII. — West coast of America telegraph company.

1° De Chorillos près Callao-Lima (Pérou) à Mollendo (Pérou).
2° De Mollendo à Arica (Pérou).
3° De Arica à Iquique (Pérou).
4° De Iquique à Antofagasta (Bolivie).
5° D'Antofagasta à Caldera (Chili).
6° De Caldera à la Serena près Coquimbo (Chili).
7° De la Serena à Valparaiso (Chili).

XXVIII. — Société française des télégraphes sous-marins.

1° De Santiago (île de Cuba) au môle de Saint-Nicolas (île de Saint-Domingue).
2° Du môle de Saint-Nicolas à Puerto-plata (île de Saint-Domingue).
3° De Saint-Domingue (ville) à l'île de Curaçao (possession portugaise).
4° De Curaçao à la Guayra (Venezuela).

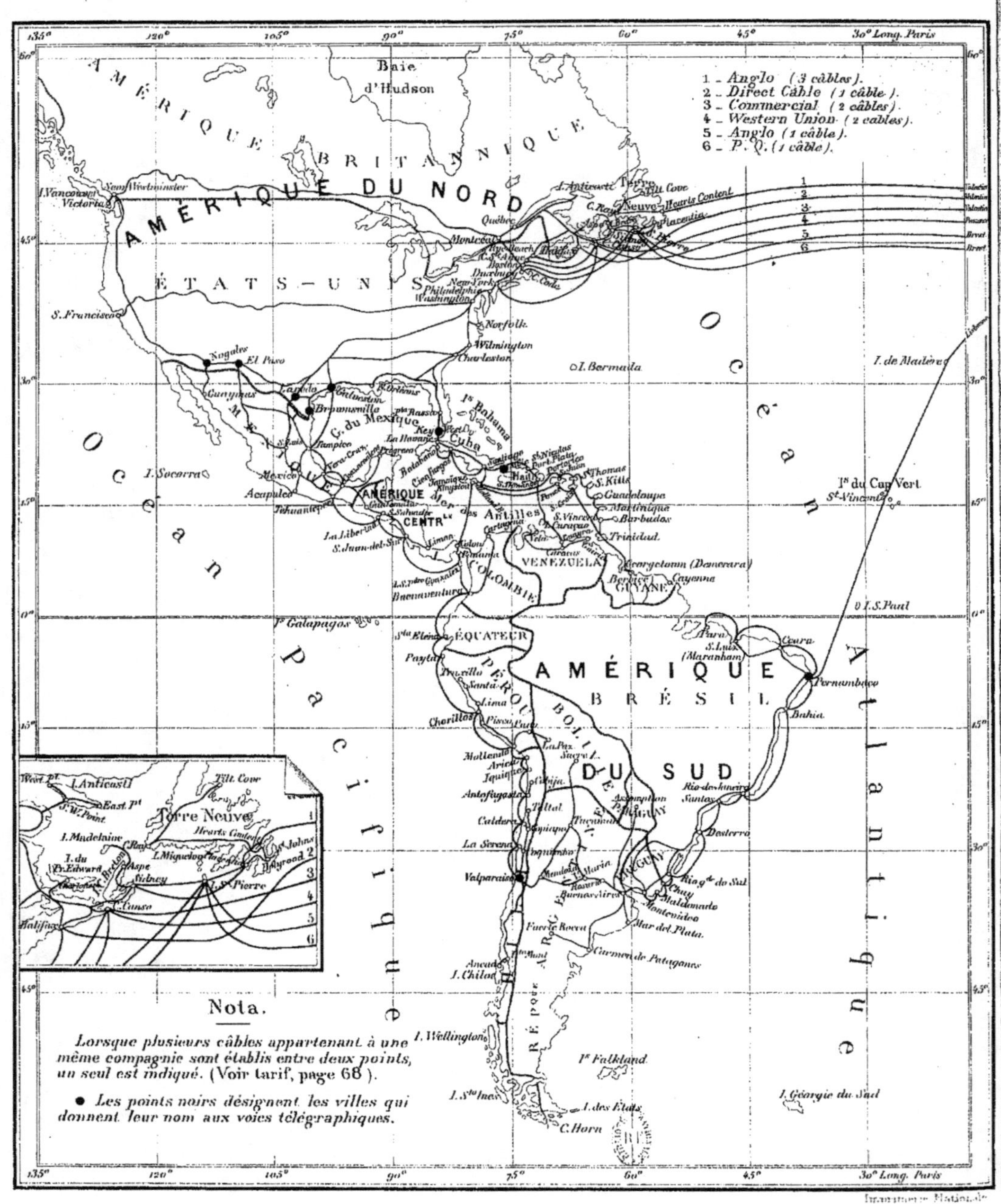

Nota.

Lorsque plusieurs câbles appartenant à une même compagnie sont établis entre deux points, un seul est indiqué. (Voir tarif, page 68).

● Les points noirs désignent les villes qui donnent leur nom aux voies télégraphiques.

Imprimerie Nationale

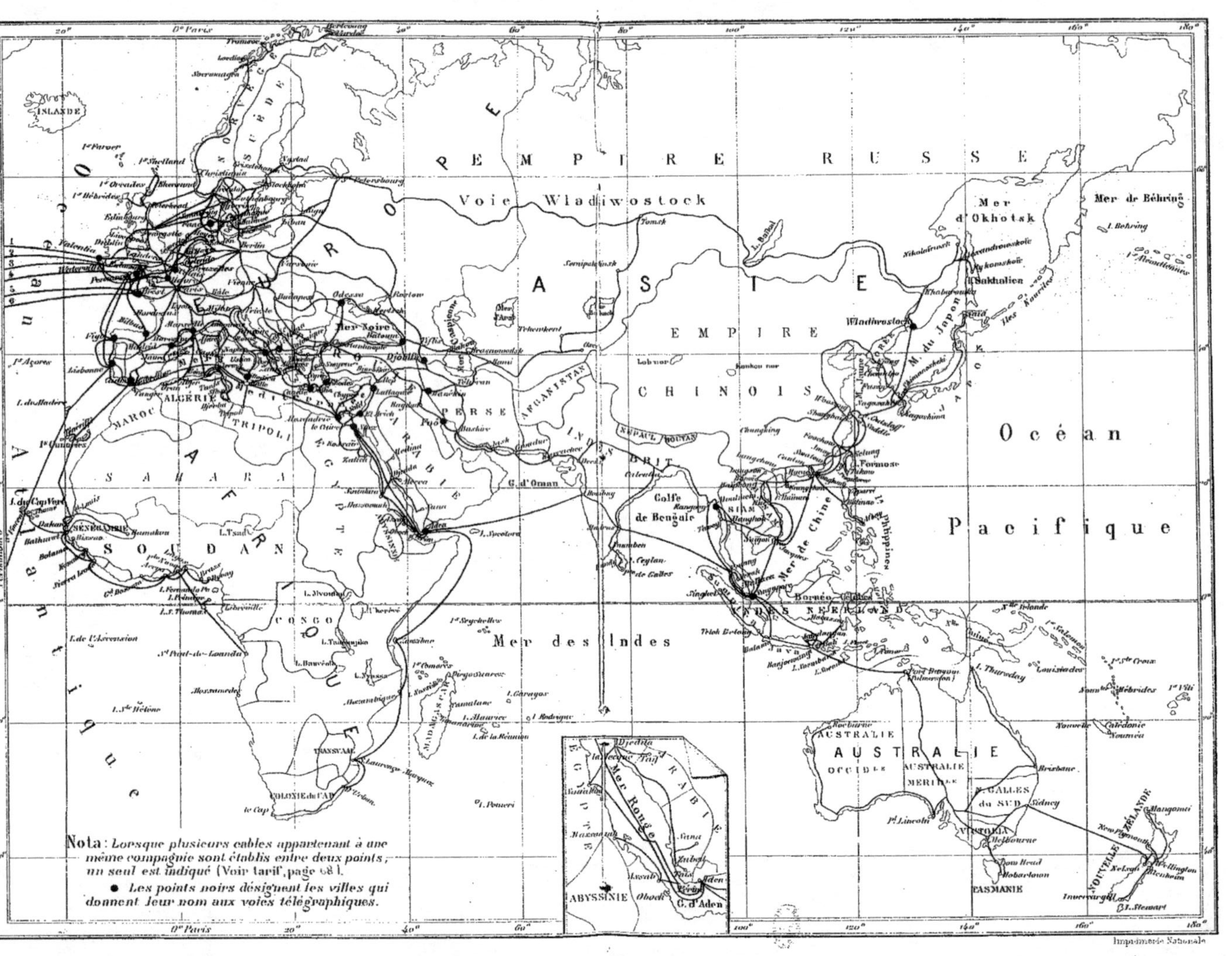

Océan Atlantique
Océan Pacifique
Mer des Indes
EMPIRE RUSSE
Voie Wladiwostock
ASIE
EMPIRE CHINOIS
AFRIQUE
MAROC
ALGÉRIE
TRIPOLI
SAHARA
SOUDAN
ÉGYPTE
ARABIE
PERSE
AFGANISTAN
INDE BRIT.
NEPAUL
BOUTAN
CONGO
TRANSVAAL
COLONIE du CAP
ABYSSINIE
AUSTRALIE
AUSTRALIE OCCIDLE
AUSTRALIE MERIDLE
GALLES du SUD
VICTORIA
TASMANIE
NOUVELLE ZÉLANDE
ISLANDE
Mer de Behring
Mer d'Okhotsk
Mer Noire
Mer Caspienne
Mer Rouge
M. du Japon
Mer de Chine
Golfe de Bengale
G. d'Oman
G. d'Aden
SIAM
Formose
Philippines
Bornéo
KERGUELEN
Sidney
Melbourne
Wellington
Nota : Lorsque plusieurs cables appartenant à une
même compagnie sont établis entre deux points,
un seul est indiqué (Voir tarif, page 681).
● Les points noirs désignent les villes qui
donnent leur nom aux voies télégraphiques.
Imprimerie Nationale

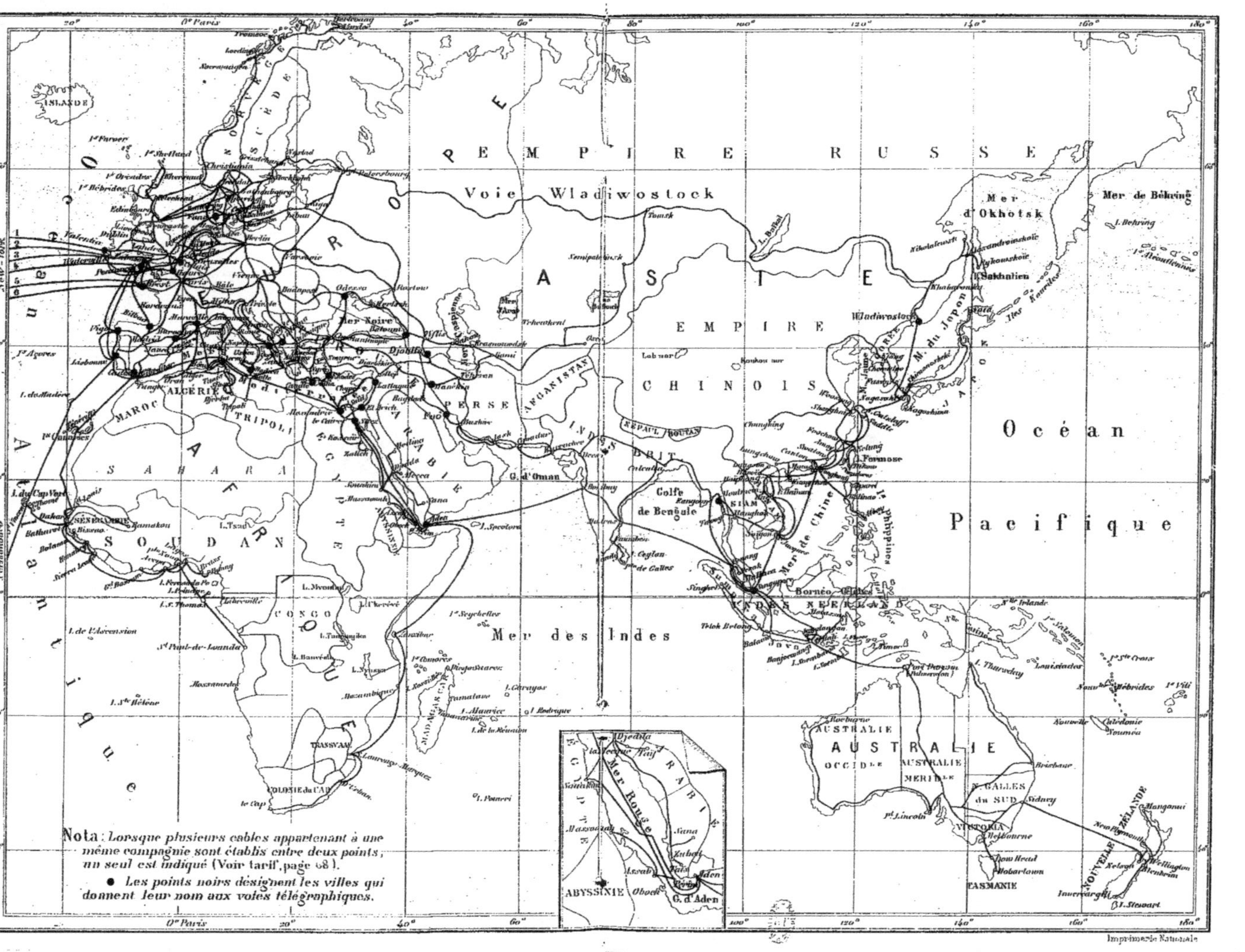

EMPIRE RUSSE
Voie Wladiwostock
ASIE
EMPIRE CHINOIS
EUROPE
Mer d'Okhotsk
Mer de Behring
Océan Pacifique
Océan Atlantique
Mer des Indes
Mer Noire
Mer Rouge
Golfe de Bengale
Mer de Chine
M. du Japon
AFGANISTAN
PERSE
ARABIE
ÉGYPTE
MAROC
ALGÉRIE
TRIPOLI
SAHARA
SOUDAN
CONGO
AFRIQUE
INDES NEERLAND
AUSTRALIE OCCIDLE
AUSTRALIE MERIDLE
AUSTRALIE
N. GALLES du SUD
TASMANIE
NOUVELLE ZÉLANDE
ABYSSINIE
G. d'Aden
ISLANDE
ÉGYPTE
ARABIE
Nota: Lorsque plusieurs cables appartenant à une
même compagnie sont établis entre deux points,
un seul est indiqué (Voir tarif, page 68).
Les points noirs désignent les villes qui
donnent leur nom aux voies télégraphiques.
Imprimerie Nationale